DEUSAS, BRUXAS E FEITICEIRAS

HISTÓRIAS DE QUANDO DEUS ERA MULHER

JULIA MYARA

DEUSAS, BRUXAS E FEITICEIRAS

HISTÓRIAS DE QUANDO DEUS ERA MULHER

Planeta

Copyright © Julia Myara, 2024
Copyright © Editora Planeta do Brasil, 2024
Todos os direitos reservados.

Preparação: Fernanda Guerriero Antunes
Revisão: Marianna Muzzi e Fernanda França
Projeto gráfico e diagramação: Futura
Capa: Cristina Gu
Imagem de capa: Gravura de Max Klinger

DADOS INTERNACIONAIS DE CATALOGAÇÃO NA PUBLICAÇÃO (CIP)
ANGÉLICA ILACQUA CRB-8/7057

Myara, Julia
  Deusas, bruxas e feiticeiras : histórias de quando deus era mulher / Julia Myara. -- São Paulo : Planeta do Brasil, 2024.
  208 p., [16] p.: il.

Bibliografia
ISBN 978-85-422-2712-3

1. Mulheres – História 2. Paganismo I. Título

24-1954   CDD 305

Índice para catálogo sistemático:
1. Mulheres – História

Ao escolher este livro, você está apoiando o manejo responsável das florestas do mundo

2024
Todos os direitos desta edição reservados à
Editora Planeta do Brasil Ltda.
Rua Bela Cintra, 986 – 4º andar – Consolação
01415-002 – São Paulo-SP
www.planetadelivros.com.br
faleconosco@editoraplaneta.com.br

SUMÁRIO

INTRODUÇÃO 7

CAPÍTULO 1 - AS MULHERES NA TRADIÇÃO OCIDENTAL 31

CAPÍTULO 2 - A CIVILIZAÇÃO DA DEUSA 93

CAPÍTULO 3 - A CRIAÇÃO DO PATRIARCADO 115

CAPÍTULO 4 - TUDO ESTÁ CHEIO DE DEUSES 129

CAPÍTULO 5 - A DEUSA DOS CÉUS E DA TERRA 135

CAPÍTULO 6 - A ASCENSÃO DO PATRIARCA: O CASO ZEUS 161

CAPÍTULO 7 - DEUSAS HUMANAS E MULHERES DIVINAS: EVA E LILITH COMO DECADÊNCIA E REDENÇÃO DO FEMININO SOMBRIO 173

CONCLUSÃO 185
AGRADECIMENTOS 193
NOTAS 195
REFERÊNCIAS 203

INTRODUÇÃO

> "Alguns dos mitos mais conhecidos da Tradição da Deusa são versões patriarcais recentes que muitas vezes distorcem as lendas originárias das culturas matrifocais. Infelizmente, a maior parte dos livros de mitologia e história foi escrita por homens, baseados em antigos relatos masculinos, já que, durante os últimos três milênios, o acesso das mulheres à cultura e à expressão literária ou científica foi vetado."
>
> Mirella Faur, *O Legado da Deusa*[1]

Ao longo da história humana, as mulheres, de uma maneira ou de outra, estiveram intimamente vinculadas às atividades de cuidado, sobretudo em relação à manutenção do vínculo com a natureza – ainda que essas mesmas atribuições tenham se tornado depois, por causa do domínio patriarcal e misógino da nossa cultura, a marca de sua opressão. Eram tidas, sobretudo no imaginário mítico-simbólico, como deusas, bruxas, feiticeiras. Na forma de ninfas, sílfides, nereidas, fadas, espíritos da floresta, orixás, entre outras, os corpos femininos personificaram as forças primordiais da natureza, da realidade última da existência e sua capacidade de transformá-la.

Aquilo que na história da magia – a qual, por sua vez, acompanha a história das culturas – chamamos de "feitiços" nada mais é do que uma tentativa de revincular o ser humano à sua condição primeira, à realidade estrutural das coisas, e, desse modo, reinseri-lo na lógica de um vínculo relacional com ela, sendo capaz de agir com e a partir dela. Nesse sentido, o feitiço é a palavra eficaz,[2] capaz de transformar o mundo e que pode ser usado no preparo de algum tipo de medicina, na elaboração de determinada narrativa, no canto, na arte e nos processos catárticos. Ou seja, o feitiço é, antes de tudo, uma ferramenta que auxilia a criatura humana na sua capacidade de elaborar e orientar a vida na sua infinidade de processos e desafios.

Nesse sentido, entendo este livro como uma prática de feitiçaria. As velhas sábias, que contaram muitos anos de vida na história do imaginário deste planeta e, por sua vez, mantiveram um vínculo próximo com as medicinas das florestas e com a potência das palavras – as famosas bruxas –, com o tempo se tornaram figuras temíveis, assustadoras e ameaçadoras.

Nas narrativas mitológicas, nos folclores e contos de fadas que atravessam a história de todas as culturas e de todos os povos, a presença onipotente da sábia anciã ora ganha um espectro associado à sabedoria, ao bem e à justiça, ora à ganância, à feiura, ao mal e à corrupção. A sabedoria ancestral do que entendemos como feminino, ainda que deturpada e demonizada, é onipresente: às vezes, na forma de uma sábia curandeira, uma avó afetuosa, uma rainha conselheira; noutras, como uma bruxa má, feia, não casada (nem mãe), escondida nos recônditos mais escuros da floresta, na companhia apenas de seus animais selvagens, ervas e poções. As perguntas que devemos nos fazer são: Como a sabedoria natural das mulheres e sua proximidade com a natureza foram associadas ao mal? De que modo a capacidade de as antigas xamãs contarem histórias, articularem narrativas e orientarem a alma e o psiquismo daqueles submetidos aos seus cuidados passou a ser temida? Como as mulheres sábias se tornaram feiticeiras terríveis?

Contudo, não apenas as mulheres míticas, os arquétipos e as personagens da literatura (sagrada ou não) incorporam a potência da existência daquilo que se convencionou chamar de feminino. As mulheres reais, com corpos reais, habitantes e teclas da história do nosso mundo também são tema desta discussão. É para elas e sobre elas (nós) que a reflexão a respeito de deusas, bruxas e feiticeiras se faz presente. Agentes tradicionais de cura (curandeiras e erveiras), estudiosas dos efeitos da reprodução nos corpos femininos (parteiras e ginecologistas tradicionais ou contemporâneas), mas também professoras, contadoras de histórias, psicanalistas, artistas, filósofas, pesquisadoras, mães e todas as mais diversas ocupações, tanto nos dias atuais quanto no passado, que corporificam o cerne da existência das mulheres, fazem delas objeto de estudo e exaltação deste livro. Nesse sentido, elas (nós) herdaram, para o bem e para o mal, a antiquíssima e simbólica carga das célebres mulheres que protagonizaram o imaginário popular da nossa civilização – tanto como símbolo de conhecimento natural, cura, magia e comunidade em toda a sua potência, quanto como papéis tradicionais associados a funções de gênero que lhes couberam e foram impostos.

Ainda que este texto tenha sido escrito de modo que protagonizasse as mulheres simbólicas, mitológicas e com as mulheres reais em mente (quando digo "mulheres reais", incluo toda pessoa que se identifique como mulher – cis e trans), trata-se de uma discussão importante e urgente, inclusive para os homens aliados que, como parceiros na luta antipatriarcal e antimisógina, também devem se apropriar e entender a história de *Deusas, bruxas e feiticeiras* como parte da própria história e como ferramenta de resistência e de construção de um mundo mais interessante e inclusivo para todos nós.

Nos últimos dez anos, pelo menos, venho estudando as muitas histórias das mulheres. De início, contudo, já preciso fazer uma ressalva. Quando digo "as muitas histórias" – e não "a história" –, é porque meu objetivo não é apresentar uma verdade desapaixonada, ontológica, um retrato de como as coisas aconteceram, conforme a historiografia clássica costuma fazer. É quase um clichê, porém verdadeiro, afirmar que as nossas narrativas históricas são contadas com base na perspectiva dos vencedores, ou dos "grandes homens". Assim, nós, mulheres, não sendo homens nem vencedoras (do que podemos denominar aqui como supremacia histórica da narrativa patriarcal), não fazemos parte delas, ou a parcela que nos cabe não nos contempla, pois é contada justamente por aqueles que nos dominaram e pela cultura que nos subjuga até hoje. No entanto, na minha pesquisa, incluo as narrativas sagradas e as histórias mítico-religiosas não como um enfeite e adereço qualquer, mas como fundamentação necessária e estrutural desse resgate. Sobre isso, a escritora nigeriana Chimamanda Ngozi Adichie diz: "As histórias importam. Muitas histórias importam. As histórias foram usadas para espoliar e caluniar, mas também podem ser usadas para empoderar e humanizar. Elas podem despedaçar a dignidade de um povo, mas também podem reparar essa dignidade despedaçada".[3]

Se uma história positivista e racionalista (com todos os seus méritos e pretensões científicas) narra uma história desafetada, desapaixonada e, em muitos sentidos, ascética, as narrativas sagradas, fantásticas e míticas, por sua vez, nos oferecem uma vasta variedade de contradições, polifonias, multivocalidades e perspectivas, todas coexistindo em um caos que, na medida do possível, tento organizar. E são essas as narrativas apaixonadas e afetadas que revelam aquilo que a história como ciência falha em revelar: os exilados, os excluídos, os dominados, os apaixonados que agiram e viveram neste mundo errático, vibrante, violento e violentado.*
Através dessas narrativas desordenadas, podemos encontrar a

---

* Ainda que autores clássicos, como Homero, sejam fonte desta pesquisa e com frequência representem os interesses de uma aristocracia ou elite patriarcal bastante restrita, é impossível realizar uma leitura sobre o passado sem recorrer a eles, uma vez que são parte de nossas fontes textuais mais antigas. Embora certamente representem interesses e ideologias, muitas das narrativas de que se apropriaram e as quais cocriaram faziam parte de uma tradição oral mais antiga que os precedia. Desse modo, muito do imaginário mítico-simbólico e das fontes usadas nestas páginas representam a tradição oral que se furtou ao confinamento de um interesse exclusivo de uma classe ou casta social e às ambivalências inerentes ao resgate de uma história das mulheres que também

presença social das mulheres, como foram vistas e se viam (em alguns casos). Essa brecha nos permite olhar para dentro da fechadura por tanto tempo entupida na narrativa normativa.

Essa não é a história oficial, e esse não é um mundo de "grandes homens".

Nesse contexto, recorrer às narrativas sagradas não é um ato de fé. Trata-se de entender a dimensão espiritual* da humanidade – tanto nas suas crenças quanto na sua produção cultural e organização social e política – como essencial para um resgate da nossa condição. O fenômeno religioso, tal como compreendido aqui, presente nas histórias de todas as civilizações e antes delas, se deu para a humanidade de diversas maneiras. Povos múltiplos expressaram o sagrado como um exemplo das virtudes necessárias para a sobrevivência, para a vida comunitária e para a manutenção e o desenvolvimento da jornada individual e coletiva, com seus desafios e potências. Dessa forma, o sagrado se dimensiona múltiplo: como cuidado, resistência, relação, individuação, comunitarismo, erro e acerto, luz e sombra.

O Ocidente herdou uma intensa história que, em uma tessitura inseparável, entrelaça o fenômeno religioso, social, histórico e político. Olhar para o mundo e tentar compreendê-lo com base em uma separação artificial instaurada na modernidade é se condenar a uma leitura não só fragmentada, mas viciada pelo olhar dominante. De modo algum defendo

---

é feito com o auxílio dos textos criados pelos homens enquanto vencedores da narrativa histórica.

* Nesse contexto, utilizo o termo "espiritual" em sentido filosófico, ou seja, abarcando a dimensão da produção psíquica, intelectual e cultural.

que a ideia de Estado laico seja contraprodutiva. Apenas ressalto que, por milhares de anos, separar o espiritual e o religioso – que, por si só, já são fenômenos diferentes – da esfera política é bastante recente e que olhar para a história do Ocidente desconsiderando essa amálgama fundamental seria um anacronismo.

Adorno e Horkheimer, filósofos da escola de Frankfurt, afirmaram no início de *Dialética do Esclarecimento* que "a terra totalmente esclarecida resplandece sob o signo de uma calamidade triunfal".[4] No contexto da obra desses filósofos, tal crítica incidiu sobre a fé exagerada no racionalismo europeu – que, por sua vez, não impediu que a própria Europa produzisse o fenômeno da besta nazista.

A crítica dos filósofos designa o "esclarecimento" como um processo de desencantamento do mundo. Nesse sentido, o projeto do esclarecimento buscaria libertar as pessoas do medo de uma natureza misteriosa, insubordinada e ameaçadora. A racionalização, portanto, viria como um antídoto ao desamparo provocado pelas potências míticas da natureza. Paradoxalmente, a humanidade, ao mitologizar o próprio esclarecimento como ferramenta emancipatória, constata no curso da história a sua falha como projeto humanista.

Dessa forma, ainda que nossa cultura e civilização tenham muitos méritos – e que ciência, arte, democracia e filosofia sejam tesouros que devem ser preservados com toda a nossa vontade e potência –, é urgente e necessário que façamos uma investigação honesta sobre as aberrações que essa mesma civilização criou: eugenia, misoginia, homofobia, racismo e, como resultado, falha do humanismo como projeto civilizatório.

Nesse contexto, não observar as disputas de narrativas produzidas no interior da nossa cultura significa, por consequência absoluta e necessária, se aliar à narrativa vencedora. E não devemos temer constatar que não existe neutralidade. Logo, se poucas mulheres aparecem na narrativa histórica normativa como agentes, o que isso quer dizer? Será que essas mulheres não existiram ou será que foram impedidas por algum motivo? Será que foram deliberadamente apagadas? Por que não observar outras narrativas criadas pela humanidade? Por que não investigar a pré-história? Por que não contar outras histórias?

Resgatar e recontar não só a história das mulheres, mas a dos "outros" é nosso dever geracional. Com isso em mente, penso que, assim como o filósofo grego Heráclito colocou aos pés da deusa Ártemis no templo em Éfeso sua contribuição filosófica, eu coloco, aos pés dos leitores deste livro, algumas das minhas pesquisas e reflexões – sempre parciais, históricas e apaixonadas.

COMO É POSSÍVEL QUE DEUS SEJA PAI SEM UMA DEUSA MÃE?

Ao observarmos a narrativa sagrada que orienta majoritariamente a cultura ocidental, podemos perceber que Deus é compreendido como o *páter-famílias*,* que orienta, pune e recompensa suas criações (criaturas) e se comporta – para utilizar um termo emprestado de Carl Jung – como o "arquétipo" do Grande Pai universal.⁵

Deus,** entendido como onipotente (tudo pode), onisciente (tudo sabe) e onipresente (está em todos os lugares),*** é com frequência "um homem", tanto no nosso no imaginário coletivo quanto nas imagens mentais individuais que quase todos nós produzimos. Contudo, não é só isso. A representação clássica universalmente evocada pelo psiquismo ocidental contemporâneo é a de Deus como um homem maduro, poderoso, com uma longa barba (que talvez seja branca), sentado em um trono celestial. Nesse sentido, ele é o Grande Pai, o pai celestial, o Pai do Céu (daí a expressão tão comum "papai do céu", que ouvi da minha querida avó Célia – mãe de minha mãe – durante toda a minha infância), todo-poderoso, frequentemente metafísico (ou seja, que vive além do mundo físico, para além da natureza), que tudo vê e tudo sabe.

---

* Sobre isso, Engels diz "Em sua origem, a palavra família não significa o ideal – mistura de sentimentalismo e dissensões domésticas – do filisteu de nossa época; a princípio, entre os romanos, ela não se aplicava sequer ao par de cônjuges e aos seus filhos, mas somente aos escravos. Famulus, que quer dizer escravo doméstico, e família é o conjunto de escravos pertencente a um mesmo homem". Cf. ENGELS, F. *A origem da família, da propriedade privada e do Estado*. Tradução de Leandro Kondre. Rio de Janeiro: BestBolso, 2014.

** Me parece importante esclarecer que este livro não é sobre a natureza divina, ou seja, não se trata de um estudo teológico. O cerne desta investigação em nada recorre ao reino da revelação espiritual, a não ser que possamos considerar a busca pelo conhecimento como uma espécie de trajetória sagrada. Antes de tudo, e sobretudo, estas páginas buscam resgatar uma parte silenciada, esquecida, apagada da história das mulheres e se utiliza das histórias de muitas mitologias e narrativas sagradas para recontá-las, ainda que modestamente.

*** A onipotência, onisciência e onipresença divina fazem parte da tradição cristã. Ainda no texto bíblico, se recorrermos à Bíblia Hebraica, o texto não parece reforçar essa ideia.

No Ocidente, Deus é um (estamos falando aqui do advento do monoteísmo). E muitos de nós, mesmo pessoas de fé, não costumamos sequer saber o nome do Deus que cultuamos. Será ele apenas Deus, como imperativo categórico dado pela realidade ou pararrealidade? Será ele o pai criador de todas as coisas que gerou sozinho o céu, a terra e tudo o que existe, como se diz em algum momento na Bíblia*[6] (e que, quando criou o mundo, estava sozinho)?

No texto bíblico, Deus parece ter muitos nomes. Ou ser muitos deuses. Quem é ele, então? Será Yahweh, o deus tribal dos antigos hebreus? Será El, o antigo deus canaanita, tão presente nos textos encontrados na antiga cidade de Ugarite? Será Elohim, uma palavra plural utilizada nos antigos textos ugaríticos (ou seja, encontrados em Ugarite, na antiga Canaã) para designar os filhos ou a corte de El? Ou será ele Elohim, um dos muitos nomes de Deus no texto bíblico? Será um panteão divino? Ou, ainda, um deus nórdico como Thor ou Odin? Será uma das muitas divindades indianas, tal como Indra? Um deus acádio, como Marduque, ou uma divindade egípcia, como Rá?**

No Gênesis ou Bereshit (nome hebraico, que significa "primeiro" ou princípio), Deus afirma: "[...] Façamos

---

* "Assim diz Iahweh, o teu redentor, aquele que te modelou desde o ventre materno: eu, Iahweh, é que tudo fiz, e sozinho estendi os céus e firmei a terra (com efeito, quem estava comigo?)" (Isaías 44:24).
** Odin e Thor são deuses da cultura nórdica associados aos céus, raios e tempestades. Indra é um deus védico relacionado ao céu. Marduque é um deus babilônico também vinculado aos ventos, raios e tempestades. Rá é um deus identificado ao Sol e uma das principais divindades masculinas do antigo Egito.

o homem à nossa imagem, como nossa semelhança [...]"
(Gênesis 1:26). O uso do plural na constituição dessa frase tão fundamental que descreve o processo de criação da humanidade pela divindade não deve passar despercebido: Deus diz "Façamos", no plural, e não "farei", no singular. E novamente no plural: "nossa imagem" e "nossa semelhança". No entanto, não seria Deus um, e não muitos?

Uma antiga interpretação talmúdica* especula se Deus, ao criar o homem e a mulher à sua imagem e à sua semelhança, não fosse talvez homem e mulher ao mesmo tempo. De acordo com esse ponto de vista, a primeira criatura humana no texto bíblico seria um andrógeno, que, por sua vez, também seria a imagem e semelhança do(a) seu(sua) criador(a), uma divindade homem e mulher ao mesmo tempo. Essa leitura justifica, de certa forma, o uso do plural na fórmula da criação. Talvez a divindade dos antigos hebreus comportasse em si o múltiplo e, na sua interioridade subjetiva, se entendesse como um ser cindido, ainda que uno: homem e mulher em um mesmo corpo – o andrógeno. Essa interpretação talmudista do texto bíblico ecoa outras antigas narrativas acerca da origem da humanidade, e até da natureza de Deus.**

---

* O Talmude é um dos textos basilares da tradição judaica, composto de, entre outros elementos, extensos comentários rabínicos acumulados ao longo dos séculos. Trata-se de uma calorosa discussão sobre o texto bíblico, as leis, os costumes etc. que, com frequência, oferecem múltiplas interpretações a respeito dos muitos mistérios da Torá. Algo interessante do talmudismo é essa abertura para que o texto considerado sagrado tenha muitos significados diferentes e, por isso mesmo, seja múltiplo, misterioso e possivelmente inclusivo, uma vez que não é entendido como uma verdade absoluta e inquestionável.
** Platão, no diálogo "O banquete", fala de um ser humano primordial, que tem quatro braços, quatro pernas, duas cabeças e assim por diante, que assumia três formas diferentes – uma delas, como se fossem dois homens colados pelas costas:

A hipótese do deus andrógeno, contudo, não é a única que pode e deve ser derivada dessa discussão. Talvez seja possível interpretar a presença dessa pluralidade na percepção de Deus acerca de si mesmo como um sinal de uma dinâmica que envolvesse um antigo casamento sagrado entre um Deus Pai e uma Deusa Mãe. *Hieros gamos* (do grego ιερός, "sacro" e γάμος, "união/matrimônio"), ou hierogamia, era uma prática ritualística de cunho sexual, bastante difundida na Antiguidade, que representava uma união sagrada entre um deus e uma deusa (ou o Deus e a Deusa). Deus se tornou bastante célebre na nossa cultura, e já falamos bastante sobre ele. Nos resta perguntar: Quem seria a Deusa? Ou, talvez, seria a Deusa uma parte feminina de Deus, conservando assim a unidade divina?

Seria ela Tiamate, antiga deusa babilônica do mar primordial?* Ou Inanna/Ishtar, deusa suméria/acádia do amor,

---

os filhos do Sol; outra, como se fossem duas mulheres, as filhas da Terra; e a terceira, os filhos da Lua, como se fossem um homem e uma mulher colados pelas costas, ou seja, o andrógeno. Nessa condição, o ser humano era uma criatura poderosa – e, com a constatação de seu imenso poder, aumentou a sua arrogância. Os humanos primordiais buscaram subir ao monte Olimpo, que era a morada dos mais importantes deuses na mitologia grega. Zeus, o senhor do Olimpo, dos homens e dos deuses, para controlar a arrogância humana, resolveu, com os seus raios, cortá-los ao meio. Dessa forma, a criatura humana, deficiente de sua forma original, passou a se erguer sobre duas pernas, dois braços, dois olhos, dois ouvidos – em vez de quatro. Fragilizado e mutilado, o ser humano foi afetado da parte que lhe faltava. Essa seria, segundo essa história, a origem do amor. Uma eterna busca pelo pedaço que nos falta, que um dia fez parte do nosso corpo.

* Tiamate é uma antiga deusa babilônica associada ao mar primordial e às águas salgadas. Ela era considerada avó ou mãe de todos os deuses. Em um primeiro momento, é retratada como uma deusa tranquila e pacificadora; contudo, depois de conflitos intensos com a geração de deuses mais jovens, tornou-se uma poderosa guerreira. O conflito entre Tiamate e Marduque pode ser lido em um texto chamado "Enuma Elish", que é o poema mesopotâmico da criação. Em português, ele foi traduzido e adaptado pela Sueli Maria de Regino, doutora em Letras e Linguística pela Universidade Federal de Goiás. Outro dado interessante sobre Tiamate é que ela sobreviveu na cultura pop contemporânea, sendo uma personagem dos jogos de video game e da série

da fertilidade e da guerra?* Aserá ou Astarte são dois nomes (ou aspectos possíveis) de uma deusa canaanita que, segundo os resquícios arqueológicos da região,[7] parece ter sido, no imaginário da época, esposa e consorte de Yahweh na Judeia. Ambos foram adorados como um casal divino pelos antigos hebreus que viveram antes da criação do texto bíblico. Ou seja, será que Deus, em algum momento, teve uma esposa e governou ao lado dela? Será que ela dividiu os poderes do mundo com ele?** Ou será que não foi exatamente casado, e não é exatamente um homem? Será que existe um lado feminino em Deus? Será que estamos falando de Shekinah, a parte feminina (ou maternal) de Deus no misticismo judaico? Ou, ainda, será que tudo isso é uma antecipação do mistério da Santíssima Trindade? Será que Maria, mãe de Deus, foi uma mulher abençoada pelo eterno, uma mulher em ascensão em relação ao resto das mulheres (e da humanidade), moralmente superior ao encarnar a virgindade como valor fundamental e

---

de mesmo nome *Dungeons & Dragons* (adaptado em português para *Caverna do dragão*). Na série e no game, Tiamate é um dragão demoníaco associado intrinsecamente ao mal.

* Inanna era uma deusa suméria associada ao amor, à sensualidade, à sexualidade, ao erotismo, à cerveja etc. Também entendida por alguns historiadores das religiões como uma deusa andrógina, quando é conquistada pelo imperador acádio Sargão, o grande, a deusa acádia Ishtar (outra divindade, com características e simbolismos semelhantes à Inanna, com a diferença de ser asssociada à guerra, uma vez que os antigos acádios eram um povo guerreiro e chegaram a constituir um dos mais antigos impérios que a história mundial já viu) foi sincretizada com a deusa Inanna. Daí Inanna/Ishtar, Suméria/Acádia, deusa do amor e da guerra, tal como um dia, Afrodite, sua sucessora, seria. Ou seja, Inanna/Ishtar, referentes, em ordem, a antiga Suméria e antiga Acádia, seriam as antecessoras da grega Afrodite, também deusa do amor (na percepção mais imediata) e da guerra (sobretudo em Esparta).

** Sobre esse tema, recomendo as seguintes leituras: *The Hebrew Goddess*, de Raphael Patai; *When God had a Wife*, de Lynn Picknett e Clive Prince; *Did God have a Wife?*, de William G. Denver.

ser escolhida para o que muitas outras mulheres/deusas foram antes dela "mãe de Deus"? Ou será ela uma deusa em declínio, com o seu valor confinado à função materna e sua virtude aprisionada no paradigma de controle dos corpos na forma de virgindade e pureza? Essas são perguntas sem resposta, ou com muitas respostas de lógica precária, múltipla, difusa, caótica e não doutrinária. Antes de tudo, são provocações importantes para nos fazer pensar.

Ainda que concordemos que Deus é algum desses, ou todos, ou nenhum, ou que esses são os nomes de um único deus, há vários outros que compartilham de características bastante semelhantes. Deuses celestiais, vingadores, guerreiros, senhores do céu e da terra, lançadores de raios e trovões, pai dos homens e de deuses. Não estou defendendo aqui que não existem enormes diferenças entre eles e, por conseguinte, entre as culturas que os produziram, mas as semelhanças também são gritantes. Zeus, Thor, Odin, Marduque, El, Baal – todos se encaixam nas características descritas; todos são imagens arquetípicas do grande deus, ou Grande Pai. *Páter-famílias*, chefes de família poderosos, sábios, às vezes violentos. São figuras bastante comuns nas mitologias e narrativas religiosas, mas nenhum deles, com exceção talvez de Yahweh (e Aton, o deus egípcio),[8] governou e criou o mundo sozinho. Quase todos os deuses mencionados pertenceram a sistemas mítico-religiosos politeístas, ou seja, a panteões. Ainda que esses deuses tivessem protagonismo dentro dos sistemas hierárquicos míticos aos quais pertenciam, eles dividiam os poderes que regem o cosmos com outras divindades, inclusive femininas. Ou seja, competiam entre si, se reuniam em assembleia, festejavam, guerreavam e compunham, de certa forma, uma espécie de sociedade divina que parecia sistematizar algo dos valores das sociedades humanas a que pertenciam, ainda que isso não seja uma regra universal. Os deuses, à imagem e semelhança de nós, são criaturas comunitárias com uma vida política – centralizam e descentralizam poderes, organizam a tessitura social e dinâmicas de dominância. E se a vida dos deuses é política, decerto o declínio e a exclusão das figuras femininas do imaginário e das narrativas da ordem do sagrado – e, consequentemente, da cultura – também o são.

Como é possível que a nossa expressão religiosa e espiritual tenha produzido a imagem de um único pai celestial que é também o único agente de toda a criação? Como o Deus Pai não tem uma consorte cósmica que seja a mãe criadora? Como Deus, sendo criador, gerador da vida, não é mulher? Devemos nos perguntar, na tentativa de compreender nossa história, como foi excluído do processo de criação do mundo, da realidade e da humanidade o corpo gerador e criador por natureza, cuja magia natural é mais obviamente relacionada à criação e à reprodução da vida, que é a imagem e semelhança da força criadora, o corpo fêmea. Sobre o equívoco em não se perceber a presença da Deusa no processo cosmogônico de criação, o mitólogo norte-americano Joseph Campbell diz:

> O motivo mais óbvio, eu diria, é que tanto eles quanto sua deidade tribal não perceberam que as águas profundas do abismo (Tehom), sobre as quais Elohim pairava e soprava nos dois

primeiros versos de Gênesis 1, não eram apenas água, mas a antiga deusa babilônica do mar primevo, Tiamate (Ti'amat). Deixar de apreciar a poesia de sua presença é o que deu início a todo esse mal-entendido, até sobre si mesmos. A ela, sua consorte cosmológica, é que ele deveria ter escutado, às vezes, quando sentia vontade de jogar o Livro na cabeça de seus filhos desobedientes.[9]

A ausência da Deusa nas narrativas de criação dos povos ocidentais ou, pelo menos, naquilo que foi editado e nos restou como narrativas conhecidas e normativas nos indica questões ainda mais profundas em relação à nossa compreensão de cultura, história e papéis de gênero. Nesse contexto, devemos nos perguntar, para começo de conversa, aonde foi parar a antiga Deusa, mas também aonde foram parar as mulheres de carne e osso na história. Onde estávamos e estamos nós, pensadoras, artistas, escritoras, cientistas, professoras? Como é possível que tão poucas mulheres tenham sido agentes da história? Ou será que foram tão poucas assim? Ou será que fomos forçosamente excluídas e apagadas dessa mesma história? As mulheres por acaso existiram na civilização ocidental como potência ou foram apenas vítimas do abuso e da violência dessa mesma civilização?

Essas são perguntas importantes que devem ser enfrentadas corajosamente. Se as mulheres existiram como agentes históricos, por que não as conhecemos? Por que não saímos das escolas sabendo que a primeira autoria conhecida da história foi uma mulher acádia chamada Enheduana, e que ela era alta sacerdotisa da deusa suméria Inanna, além de líder espiritual e política da sua comunidade?[10] Por que os poemas de Safo* de Lesbos sobreviveram apenas sob a forma de fragmentos, enquanto as obras de Homero e Hesíodo viajaram quase intactas no tempo? Quantas mais, bem como seus nomes e suas obras, foram destruídas por completo pela dominação patriarcal, e quantas nem puderam chegar a ver a luz do dia?

Sabemos que, por muitos motivos, as mulheres foram deliberadamente excluídas, apagadas, perseguidas, brutalizadas, silenciadas e assassinadas. Não só as que puderam criar e pensar foram esquecidas, mas quantas outras foram impedidas sequer disso? A caça às bruxas, um dos eventos que coroaram o fim do medievo e o início da modernidade,[11] não foi um episódio isolado, ainda que muitíssimo significativo. A história da nossa cultura, com seus diversos momentos gloriosos, também é a história da civilização patriarcal e, por conseguinte, da brutalização dos corpos dos outros. No entanto, "o outro da história", como diz Simone de Beauvoir,[12] não é apenas a mulher. É o estrangeiro, o inadequado, o marginalizado: a mulher, o preto, o cigano, o latino, a pessoa com deficiência, o indígena, a criança, o judeu, até mesmo o planeta (e a lista continua). A cada novo contexto, em cada lugar, o outro da história é selecionado,

---

*   Poeta/poetisa grega, que fundou uma escola de poesia para mulheres. Há estudiosos que questionam se foi uma pessoa real ou uma figura criada para representar produções de poesia lírica.

usado e violentado em prol daqueles que centralizam os poderes e os recursos deste mundo.

O patriarcado não é só um sistema ideológico de dominação; também é uma doença, é o transtorno narcisista enquanto patologia que funciona como uma ferramenta de produção e organização da sociedade e da política. O narcisista falha, enquanto sujeito, em reconhecer que o outro também é sujeito (e o trata apenas e exclusivamente como seu objeto de satisfação); o patriarcado, por sua vez, faz o mesmo em escala sistêmica. É de um narcisismo sem paralelos a arrogância do ideal de homem branco, europeu, "civilizado", que opera, força, constrange e domina a natureza como se dela fosse o senhor todo-poderoso. Esse *uno* da história, que se comporta como sujeito absoluto, confinando todos esses outros na função de seu objeto/coisa, não é só um símbolo ou ideal doentio, mas é encarnado por pessoas reais, que assumem funções na tessitura das nossas sociedades. Foi ele o agente e narrador do que comumente denominamos história. Esse é o sujeito que chama de civilização aquilo que podemos enquadrar como patriarcado,* que rejeitou o papel de modo deliberado, em muitos momentos, das mulheres – e de todos os outros.

Nesse sentido, mulheres humanas reais (e suas contrapartes simbólicas – deusas, bruxas e feiticeiras) foram

---

* Talvez seja importante fazer, ainda que rapidamente, uma diferenciação entre patriarcado e masculino ou masculinismo. O patriarcado opera como uma ideologia que organiza as sociedades e está baseada nas ideias de dominação de um grupo autointitulado superior, sobre todos os outro. Ainda que o patriarcado protagonize corpos masculinos, ele não se resume a isso e, stricto sensu, seria possível pensar um protagonismo masculino não patriarcal e não dominador.

confinadas ao rebaixamento e à exclusão. Foram capturadas e aprisionadas à esfera do privado, do doméstico, reduzidas a funções de cuidado, reprodução e manutenção da vida familiar. Pressionadas a perseguir corpos impossíveis, padrões de beleza irreais, que exaurem sua saúde, seu tempo e recursos artificialmente belos, uma vez que se afastam das forças mais profundas da vida – chamem-nas como quiseres: Eros, libido, *conatus*. É um fato histórico que foram excluídas de séculos, talvez milênios, do cenário político e cultural da nossa civilização. Forçosamente submetidas ao recato, ao bom comportamento, à utilidade servil, à submissão involuntária, à passividade obrigatória e ao falso pacifismo. Quando conseguem escapar, se por algum motivo se opõem e se recusam a performar essa suposta feminilidade, são condenadas ao ostracismo afetivo, à solidão, ao isolamento. Deixam de representar o que foram autorizadas a ser: belas princesas presas sozinhas em torres altas à espera do príncipe – seu senhor e salvador –, doces jovens virginais, boas esposas e mães (com frequência, nos contos de fadas, mortas – uma vez que esse ideal de bondade, prestabilidade e beleza é irreal). Belas mulheres plenamente redentoras não podem existir como mulheres reais, apenas como mães mortas; a única maternidade possível é a da madrasta má. E, assim, reaparecem sob a forma de bruxas más, velhas, feias e narigudas (trata-se aqui de violência etarista e étnico-racista) condenadas à companhia apenas das plantas e dos animas. A solidão da mulher é a punição por sua autonomia, pela idade avançada, etnia ou não normatividade do seu corpo.* Ou, ainda, sob a forma de deusas incompreensíveis, musas idealizadas, patrícias perfeitas, feitas para serem cortejadas e amadas por um trovador galante, porém nunca verdadeiramente conhecidas. Nesse sentido, existir como um ideal romântico do olhar do outro é quase não existir.

Sobre as figurações do feminino, no corpo simbólico de deusas, bruxas e feiticeiras, resgataremos histórias que talvez iluminem o nosso caminho; narrativas que nos deem dicas e nos revelem outros modos de vida, outros afetos, outras formas de organização política e social, outras maneiras de existir neste planeta. Para isso, precisamos compreender e naturalizar a informação de que o deus dos homens e da civilização dos homens é jovem se comparado à Grande Deusa; que existem muitas outras histórias que podem ser contadas sobre nós mesmas, sobre a natureza humana e seus diversos e possíveis caminhos. Esse é apenas o início de uma pesquisa que precisa de inúmeras outras páginas para se fazer manifesta, mas, para recuperarmos a história das mulheres, devemos lembrar que Deus, antes de ser transformado em homem, foi mulher. E foi mulher em uma cultura tão antiga que remonta à pré-história, ao desenvolvimento da agricultura, ao que chamamos de matriarcado e "paz primitiva". Esse trabalho deve ser feito, ainda que a nossa narrativa normativa se ressinta em reconhecer que, na chamada pré-história, existia uma cultura

---

* Não é coincidência que o estereótipo da bruxa incida sobre questões etaristas e étnicas. O nariz da bruxa já foi amplamente associado a mulheres judias – e, não à toa, estas foram um dos principais alvos dos tribunais da Inquisição na caça às bruxas, junto das sábias anciãs, com frequência velhas (e, por isso, agentes de sabedoria e cura de suas comunidades).

enormemente vitalizada e sofisticada e que, por muito tempo, em várias regiões do nosso planeta, a Deusa reinou soberana.

Este livro funciona como uma primeira publicação necessária de uma pesquisa muito mais longa, que com o tempo pretendo organizar e disponibilizar para público amplo de maneira mais específica. Trata-se de uma dança entre pesquisa acadêmica, reflexões e arte, em que buscarei reconstruir a história das mulheres com base em meus estudos e aulas acerca de mitologia, narrativas sagradas e contos de fadas, além de pesquisas complementares. Nessa trajetória, passaremos pela Deusa neolítica, pela cultura que permitiu o seu desenvolvimento, por conceitos como matriarcado e matrilinearidade, revolução neolítica, paz primitiva, pelas mulheres nas narrativas sumérias, babilônicas, canaanitas e bíblicas, além de, obviamente, pela figura da bruxa.

Talvez estas páginas sirvam como uma tocha acesa no meio da escuridão – uma tentativa de mimetizar a própria deusa Hécate,* deusa da magia, feiticeira das encruzilhadas, sábia conselheira e viajante entre os mundos – para que esse ponto de luz no breu possa nos ajudar a lembrar um longo período da história humana em que as mulheres tinham prestígio e protagonismo social; em que o corpo fêmea e o da terra não eram brutalizados e violados, mas reconhecidos como o centro da vida na sua forma material e, sobretudo, como potência espiritual e simbólica. Nossa jornada nos levará a conhecer a Grande Deusa em muitas de suas formas.

---

* Deusa grega, possivelmente de origem pré-helênica, que representa a magia, a feitiçaria e a noite, mas também a luz que ilumina a escuridão. É associada aos caminhos e ao trânsito entre os mundos, e costuma ser representada com três faces e/ou três corpos.

POEMA A HÉCATE

Se sou senhora da luminosidade ou
Face taciturna portadora da escuridão,
Não se sabe.
Apesar de ser reconhecida por carregar tocha na mão,
Meus passos adentram firmes
Nos caminhos obscuros dos astros,
E da terra de amplos seios,[*]
Sustento de mortais e imortais.
Entre o Olimpo iluminado,
Onde o senhor dos deuses e dos homens[**] governa,
Mares, tanto tempestuosos
Quanto calmos e soberanos,
E, no próprio submundo, transito,
Onde auxilio aqueles que estão em jornada.
Se sou bela e jovem,
Protetora daqueles que desse modo são meus iguais,
Também me assemelho às matronas universais.
Mas, se sou velha, terrível e sábia,
Sento ao lado de rainhas e reis
E lhes ofereço meu conselho valioso.
Sou aquela que sabe,
Protetora daquela que será a feiticeira

---

[*] Refere-se à deusa Gaia, mãe criadora de quase todos os seres na mitologia grega, Deusa Mãe e Avó e divindade feminina da primeira geração de deuses.
[**] O senhor dos deuses e dos homens era Zeus, o regente das divindades gregas.

Do bom conselho.*
Assim como ela,
Desprezada pelos homens do futuro.
Mas nunca usurpada.
Meu rosto só transparece a infinidade do tempo
E a permanência fluida de todas as coisas.
Nem jovem, nem velha, nem bela, nem horrenda.
Sou a face primitiva das potências ancestrais.
E nenhuma violência pode se abater sobre mim.
Pois a força se curva frente o poder da sabedoria.
O porta-égide,** ele mesmo,
Não ousou entrar no meu caminho.
No meu não: nos meus,
Pois são muitos e levam a todos os lugares.
Força viril nenhuma
Pode interferir nos meus domínios.
Entre remédios que curam
E venenos que matam,
Sou reconhecida como a própria senhora
Da vida e da morte.
Da transição entre um e outro.
Do "entre" que existe em tudo o que há.
Se sou três, tríade, tripla, atravessada,
É porque percorro todos os espaços
E todos os atalhos, travessias e trilhas

---

* Referência a Medeia, figura mítica que se tornou célebre pela peça de Eurípides, feiticeira mais conhecida por matar os filhos depois de ser traída por Jasão, seu marido.
** Refere-se a Zeus, o deus soberano do panteão olímpico.

São meus.
Rainha de lugar nenhum
E ainda assim presente em todos os mundos
Sou força protetora dos desajustados,
Exilados, andarilhos e buscadores.
Perca-se do domínio dos homens
E você chegará até mim.
Protejo as mulheres que honram nelas mesmas,
Minha força primitiva, verde, crua e visceral.
Se você me procurar,
Pode me encontrar nas encruzilhadas e nos caldeirões.
Eu posso estar diferente.
Talvez com outro nome,
Talvez em outro tempo.
Já fui mãe primitiva,
Senhora das Feras,
Amante de serpentes,
Matrona do universo, e
Estrela luminosa,
Deusa, bruxa e feiticeira.
Terrível e temível,
Punidora venenosa e cascavel.
Sou múltipla no interior da minha unidade fundamental.
Hoje, você pode me chamar de
Hécate.

CAPÍTULO 1

AS MULHERES NA TRADIÇÃO OCIDENTAL

Com a organização e a capilarização das pautas feministas, não só as ações políticas foram colocadas sob a luz da discussão de gênero, mas a vida privada foi reconhecida como profundamente política. A maneira como administramos nossas casas, cuidamos de nossos filhos, nos relacionamos com as pessoas, o que compramos, o modo de nos vestirmos – tudo que costuma ser associado à esfera do privado nos dá notícia de um movimento que se revela sempre político e, por isso, comunal e público.

Afinal, se a reprodução e a manutenção da vida (gerar, parir e criar filhos) são tarefas que exigem muitíssimo tempo, esforço, recursos e energia das pessoas em geral, em especial das mulheres mães, sendo que parte significativa de suas vidas é dedicada a isso – o que muitas vezes as impedem de entrar ou se manter no mercado de trabalho e nas instituições de estudo, sobretudo superior –, como esta não seria uma questão da ordem pública? Ainda que a mulher ocidental ou ocidentalizada, moradora de grandes centros urbanos, pertencente a determinada classe, possa se considerar emancipada profissionalmente, jornadas duplas e triplas de trabalho não são queixas incomuns entre elas. Além disso, uma vez que a emancipação de uma mulher dependa da permanência de outra mulher – em geral, precarizada e radicalizada – na condição de doméstica (e, com frequência, acumule também a função de babá), como podemos considerar essa emancipação verdadeira?

Por que a responsabilidade do maternar não é compartilhada com a sociedade? Se parte dos recursos conquistados pelas mulheres fosse gasta de modo que conformasse os corpos femininos às funções domésticas, maternas e, comumente, à uma estética impossível – uma vez que o valor social da mulher está associado à sua beleza e juventude –, como questões da vida privada não seriam políticas? Como as pressões sociais dos corpos femininos não são uma pauta coletiva, uma vez que essas mesmas pressões confinam esses corpos a um papel de gênero bastante limitado?

Todas essas questões contemporâneas têm uma história antiga, uma raiz profunda. Um sintoma que, como diria Freud, tem um sentido.[1] Para curar a doença, é preciso buscar o trauma original, a cena perdida, a memória automatizada. Mais do que propor uma politização da vida privada e uma privatização das questões públicas como possível solução social para os problemas de gênero e dominação, devemos perceber que as opressões de gênero são antiquíssimas e estruturais. Devemos estudar sua história.*

As pesquisas arqueológicas revelam artefatos e vestígios de dezenas de milhares de anos que nos levam a especular acerca de uma constituição social e comunitária entre homens e mulheres diferente da que se configurou na civilização patriarcal, da qual somos herdeiros involuntários. As antigas sociedades matriarcais/matrifocais não estavam, ao que tudo indica, posicionadas sobre práticas de dominação, acumulação e guerra. Nesse sentido, é importante observarmos que o que estamos chamando aqui de matriarcado ou matrifocalidade não é uma inversão da lógica de dominância patriarcal, uma vez que o afeto da dominância não é estruturante do matriarcado. Ou seja, não se trata de se apropriar da lógica patriarcal e virá-la às avessas, em uma formação social em que as mulheres dominariam sobre os homens. Chamarei isso de "ginecocracia". Trata-se de rejeitar completamente a dominância e a objetificação do outro como lógica social. Não estamos falando de inverter a roda, mas de quebrar a roda.

Identificar o patriarcado como uma opressão estrutural é fundamental para compreendermos a profundidade das raízes da dominação social masculina. Em algum momento da história – conforme as circunstâncias de produção, clima, relação entre tribos, localização geográfica, entre outras –, iniciaram-se

---

* Estudos realizados por pesquisadoras como Barbara Cassin, Sabina Spielrein, Silvia Federici, Nise da Silveira e tantas outras vêm acarretando uma transformação nas áreas da produção de conhecimento no pensamento filosófico, sociológico, político, arqueológico, mitológico, psicológico e linguístico – uma transformação riquíssima e urgente.

processos por meio dos quais o homem se estabeleceu como agente social dominante dos corpos das crianças, das mulheres, dos não brancos e não europeus, dos animais e da terra. O fetiche da dominação que se expressa em todas as esferas da vida pública e privada é resultado de uma cultura que se forjou sobre essas bases ideológicas, ações violentas e brutalizadoras.

Durante o que chamamos tecnicamente de história (que coincide com o início da escrita ou o que preservamos dos antigos textos), podemos perceber as diferentes representações arquetípicas das mulheres ao longo do tempo. Com frequência na forma de deusas, heroínas trágicas, escritoras e poetas, as narrativas culturais veicularam imagens femininas que dizem mais a respeito sobre como cada sociedade entendeu as mulheres, seus papéis, seus lugares sociais e, algumas vezes, suas formas de resistência. Assim, acompanhar a viagem temporal de uma narrativa mitológica ou sagrada é compreender como cada povo, em cada tempo, se relacionava com as mulheres.

Estudar as origens da civilização patriarcal e a opressão das mulheres pela ótica dos textos produzidos por essa mesma cultura – e, muitas vezes, por homens – é uma tarefa um tanto árdua, ainda que de extrema importância. É árdua, pois, como disse a filósofa Barbara Cassin,[2] é preciso fazer uma "paleontologia da perversão"; é necessário estudar a nossa história pelo olhar daqueles que nos dominaram. No entanto, essas imagens e ideias frequentemente pejorativas integram, ainda hoje, o imaginário social sobre as mulheres. As perguntas a serem feitas são: O que é uma mulher? Como ela se comporta? Como devemos nos portar? Como devemos nos relacionar com ela, conosco, umas com as outras? Com base nisso, estudar a formação das imagens arquetípicas e conhecer outras narrativas é essencial para repensarmos e transformarmos nossa história, bem como nos apropriarmos dela.

Personagens como Medeia, Circe, Hécate, Helena de Troia, Cassandra, Lilith, Eva, Inanna, entre outras, não são apenas criações idealizadas de beleza, maldade e loucura. Essas mulheres, deusas, bruxas e feiticeiras encarnam imagens socialmente construídas do feminino e expressam o psiquismo da cultura que as forjou ou interpretou. E até hoje elas permanecem no imaginário da nossa sociedade. Além disso, essas personagens, junto das histórias que as veiculam, também nos dão notícia (ainda que de muitas formas enviesadas) da potência e do protagonismo que as mulheres um dia tiveram e de movimentos de ascensão e queda do que foi considerado feminino ao longo da história das culturas.

MEDEIA: UMA DEUSA BRUXA EM DECLÍNIO OU UMA FEITICEIRA LOUCA?

Uma mulher que se desfaz de uma relação e expressa sua ira acerca das injustiças sofridas é como "uma Medeia", "vingativa, louca, com olhar de leoa que pariu".[3] A peça do poeta trágico Eurípides é encenada até hoje, ainda que tenha sido escrita séculos antes da era comum (a.e.c.).* Medeia continua

---

* Antes da era comum é sinônimo do que normalmente se chama de antes de Cristo, mas há aqui uma tentativa de descristianizar o nosso vocabulário.

aparecendo como personagem em textos e protagonizando com alguma frequência os palcos dos teatros, ora como mulher condenada e terrível – mulher insubordinada e maligna –, ora, mais recentemente, como uma espécie de heroína feminista. Com sua vasta história, ela é lembrada na nossa cultura por um singular acontecimento, anexado depois à sua narrativa tradicional e que, por algum motivo, se tornou canônico: o ciúme desgovernado de seu marido Jasão que a levou a assassinar seus filhos, pior crime cometido por uma mãe.

Na peça *Gota d'água*, de Chico Buarque e Paulo Pontes, a vida da trágica Medeia e seu marido Jasão é adaptada para a realidade brasileira, no cenário do samba carioca. Nessa peça, Medeia se chama Joana; Jasão, seu marido, continua sendo Jasão. O estigma sobre o nome de Medeia é tão brutal que, talvez por isso, a protagonista precisa ser renomeada. Da boca de Joana podemos ouvir a revolta da antiga Medeia, em tons mais contemporâneos. Usada, deixada e humilhada por Jasão, Medeia não é o tipo de pessoa que se encolhe e se cala, mas expressa sua fúria com a verdade de suas palavras[*]:

> Vai escutar as contas que eu vou lhe fazer: te conheci moleque, frouxo, perna bamba, barba rala, calça larga, bolso sem fundo. Não sabia nada de mulher nem de samba e tinha um puto dum medo de olhar pro mundo. As marcas do homem, uma a uma, Jasão, tu tirou todas de mim. O primeiro prato, o primeiro

---

[*] Em alguns casos, para facilitar a leitura e o entendimento da história, optamos por não manter a divisão em versos conforme a obra original. É importante considerar, entretanto, que as tragédias, assim como as epopeias e poemas líricos, eram todos versificados, assim como o musical de Chico Buarque e Paulo Pontes. [N.E.]

aplauso, a primeira inspiração, a primeira gravata, o primeiro sapato de duas cores, lembra? O primeiro cigarro, a primeira bebedeira, o primeiro filho, o primeiro violão, o primeiro sarro, o primeiro refrão e o primeiro estribilho. Te dei cada sinal do teu temperamento. Te dei matéria-prima para o teu tutano. E mesmo essa ambição que, neste momento, se volta contra mim, eu te dei, por engano. Fui eu, Jasão, você não se encontrou na rua. Você andava tonto quando eu te encontrei. Fabriquei energia que não era tua pra iluminar uma estrada que eu te apontei. E foi assim, enfim, que eu vi nascer do nada uma alma ansiosa, faminta, buliçosa, uma alma de homem. Enquanto eu, enciumada dessa explosão, ao mesmo tempo, eu, vaidosa, orgulhosa de ti, Jasão, era feliz, eu era feliz, Jasão, feliz e iludida, porque o que eu não imaginava, quando fiz dos meus dez anos a mais uma sobrevida pra completar a vida que você não tinha, é que estava desperdiçando o meu alento, estava vestindo um boneco de farinha. Assim que bateu o primeiro pé de vento, assim que despontou um segundo horizonte, lá se foi meu homem-orgulho, minha obra completa, lá se foi pro acervo de Creonte... Certo, o que eu não tenho, Creonte tem de sobra Prestígio, posição... Teu samba vai tocar em tudo quanto é programa. Tenho certeza que a gota d'água não vai parar de pingar de boca em boca... Em troca pela gentileza vais engolir a filha, aquela mosca-morta, como engoliu meus dez anos. Esse é o teu preço, dez anos. Até que apareça uma outra porta que te leve direto pro inferno. Conheço a vida, rapaz. Só de ambição, sem amor, tua alma vai ficar torta, desgrenhada, aleijada, pestilenta... Aproveitador! Aproveitador!...[4]

A Joana/Medeia do texto supracitado denuncia a ambição de Jasão, o qual, em busca do sucesso, passa por cima dela. A nossa Medeia de Eurípides, porém, não é só lembrada por sua fúria justificada, sua insubmissão, seu temperamento explosivo e sua astúcia. Medeia é lembrada, sobretudo, por assassinar os próprios filhos que teve com Jasão. Sua história, porém, precede muito a esse evento – ao que tudo indica, acrescentado por Eurípides.

Medeia era uma princesa estrangeira, ou seja, estamos falando de uma personagem que é parte da mitologia, mas que não é grega – e, nesse contexto, devemos nos lembrar da enorme xenofobia dos antigos gregos. Medeia era natural da Cólquida e descendente (neta) de Hélio, o antigo deus Sol. O pai dela era um sujeito misterioso chamado Eetes, e não fica claro se ele era um deus ou não; aparentemente, uma divindade menor ou um deus rebaixado. Eetes era um poderoso feiticeiro, irmão da poderosa feiticeira Circe – que aparece na *Odisseia* de Homero –, e é conhecido por transformar os homens em animais, pelo seu conhecimento mágico sobre o plantar e o preparo de poções, e, inclusive, por ter uma varinha mágica.

> Num vale foram achar a morada de Circe, construída todas
> com pedras polidas, num sitio ao redor abrigado. Por perto
> viam-se lobos monteses e leões imponentes que ela encantara
> ao lhes dar a beber umas drogas funestas. Contra estranhos
> nenhuma das feras saltou; ao invés disso, todas, imbeles, a
> cauda comprida, festivas agitam.
>
> Circe que todas as plantas conhece
> Circe com sua varinha tocar-te o corpo...[5]

A mãe de Medeia é desconhecida, o que já denota certo apagamento da linhagem materna. Nas poucas menções a ela, podemos deduzir que era uma mulher ou deusa associada às estrelas ou aos asteroides – ou, ainda, a alguma face da Lua. Medeia adorava uma deusa muitíssimo poderosa, ainda que incomum, chamada Hécate. No começo da peça de Eurípides, a personagem diz:

Pela minha senhora
A quem presto culto acima de todos
E que escolhi para me ajudar, por Hécate,
A que habita no recesso do meu lar,
Nenhum deles torturará incólume o meu coração.[6]

A marca da magia é forte na história de Medeia, e bastante incomum na cultura grega. Ainda que os gregos estivessem bastante acostumados com um divino que se fazia manifesto, a magia e a feitiçaria parecem parte de outra herança espiritual e simbólica, estrangeira e estranha, e as personagens bruxas e feiticeiras acabam sendo, mais cedo ou mais tarde, vinculadas ao mal. Antes de ser assassina, Medeia era uma feiticeira poderosa, conhecedora das artes mágicas vinculadas aos encantamentos e ao preparo e manuseio de ervas e poções; além disso, era sábia e astuta (como foi chamada frequentemente). Sua astúcia ganhou, na civilização dos homens, contornos de perigo e sua sabedoria foi quase esquecida. É pelo conhecimento, pela sabedoria e pela astúcia de Medeia que Jasão se torna o herói que foi. É ela a principal responsável pelo sucesso dele em expedições heroicas, narradas em *Argonáuticas* de Apolônio de Rodes.⁷

Medeia era uma bruxa, no sentido virtuoso da palavra. A etimologia de seu nome, que significa "a bem aconselhada" ou "a do bom conselho",* sugere tanto poder político quanto sabedoria.** Uma mulher poderosa e vigorosa, com voz clara e alta. Ou seja, possuía várias das características que, em algum momento, fizeram parte do imaginário feminino e que depois foram profundamente rechaçadas pela cultura grega. Nesse ponto, preciso fazer um esclarecimento. Falar em cultura grega antiga é, na verdade, um equívoco. Ainda que houvesse algum sentimento de unidade entre os gregos da Antiguidade – ao que tudo indica, pela partilha de uma mesma língua e de um sistema religioso que, ainda que diverso, poderia ser percebido como mais ou menos coeso –, os antigos gregos se organizavam na forma de cidades-estado, cada qual com autonomia política, leis próprias, identidade própria e, frequentemente, em guerra com as demais.⁸ Ou seja, embora existissem os gregos em sentido bastante amplo, é mais complicado afirmar que existia a Grécia como uma unidade política unificada com uma única identidade nacional, ainda que as cidades-estado gregas compartilhassem

---

* Na língua grega, a raiz do nome Medeia é relacionada à deusa da sabedoria e da prudência, Métis. O sufixo *mede* foi amplamente utilizado entre os nomes gregos para designar figuras associadas ao conhecimento relacionado às curas. Já *medomai* evoca a capacidade de aconselhar e pensar com prudência. Desse modo, o nome de Medeia acumula significados vinculados às ideias de conhecimento, sabedoria, cura, pensamento e prudência.

** Existe uma disputa aqui entre os acadêmicos, mas *medos*, que seria a raiz do nome Medeia, é uma raiz que faz referência tanto ao poder político quanto à sabedoria e ao poder espiritual.

de um território entendido como a Grécia, assim como a língua grega e outros aspectos religiosos e culturais.

No contexto do nosso estudo isso é importante, pois, quando falamos de papel de gênero, figurações do feminino, paradigma de boa feminilidade, normalmente estamos nos referindo à concepção ateniense, uma vez que a cidade de Atenas foi um dos principais centros culturais, políticos, filosóficos e artísticos da Antiguidade clássica. Ou seja, quando mencionamos cultura grega, na maior parte das vezes estamos abordando a cultura ateniense – que era, por sua vez, ainda que muitíssimo interessante e viva, profundamente misógina e hostil à presença das mulheres na esfera pública, no pensamento e na cultura em geral, a não ser sob a forma de deusas.

A condição das mulheres na cultura ateniense clássica era, em muitos sentidos, análoga à do escravizado. Confinadas no espaço doméstico na maior parte do tempo, as mulheres não eram autorizadas a transitar pelo espaço público – a não ser em datas bastante específicas, como festividades cívicas e religiosas. Quase não tinham direitos cívicos e sua educação era bastante limitada, para não dizer o mínimo. Sua função social se resumia à administração do lar, à reprodução e à educação dos filhos até certa idade. Não eram autorizadas a participar da famosa democracia, que era privilégio de homens nativos e livres – seus pais, irmãos, maridos e senhores.

Sobre isso, a música "Mulheres de Atenas", de Chico Buarque, nos informa sobre o papel social das mulheres na antiga Atenas. A canção diz a cada refrão:

> Mirem-se no exemplo daquelas mulheres de Atenas
> Vivem pros seus maridos, orgulho e raça de Atenas [...]
> Sofrem pros seus maridos, poder e força de Atenas [...]
> Despem-se pros maridos, bravos guerreiros de Atenas [...]
> Geram pros seus maridos os novos filhos de Atenas [...]
> Temem por seus maridos, heróis e amantes de Atenas [...]
> Secam por seus maridos, orgulho e raça de Atenas.[9]

O trecho anterior deixa bastante claro que a vida da mulher ateniense era ser um satélite para o homem e que a ela era negado o direito de ter até uma personalidade – o que parece ter sido, primariamente, o grande crime de Medeia e de muitas outras mulheres. O estadista Péricles deixa muito claro, no seu famoso discurso intitulado *Oração fúnebre*,[10] o que se esperava de uma boa mulher ateniense: o silêncio e a invisibilidade. O estadista defende a ideia de que as mulheres não devem ser lembradas pelos seus defeitos, nem pelas suas virtudes, colocando a invisibilidade como a qualidade feminina perfeita – ou, ainda, a inexistência. Nesse sentido, a melhor mulher é aquela que quase não existe, a não ser para servir e procriar; a não ser como objeto de satisfação das necessidades e ambições masculinas.

> Se tenho de falar também das virtudes femininas, dirigindo-se às mulheres agora viúvas, resumirei tudo num breve conselho: será grande a vossa glória se vos mantiverdes fiéis à vossa própria natureza, e grande também será a glória daquelas de quem menos se falar, seja pelas virtudes, seja pelos defeitos.[11]

Os antigos atenienses não amavam nem respeitavam as mulheres. As mulheres atenienses não tinham direito à educação, a não ser aquela reservada à administração do lar e à criação de crianças pequenas. As mulheres atenienses quase não tinham direitos políticos. As mulheres atenienses não podiam sair na rua, a não ser acompanhas e em ocasiões específicas como eventos cívicos e religiosos. As mulheres atenienses não eram consideradas sujeitos, mas funções e objetos. Eram, desse modo, propriedade privada e serviam para ser trocadas, administradas, usufruídas e/ou desprezadas. O estatuto da mulher ateniense era próximo ao do escravizado ou de uma coisa, o que fazia dos homens atenienses os grandes heróis da civilização ocidental, uns sádicos narcisistas.[12]

Medeia não era uma mulher ateniense.

De toda forma, Medeia é aparentada ou aproximada de divindades como Circe, Asteroidea e até a antiguíssima e poderosíssima deusa Hécate, que ora aparece como uma divindade protetora e senhora, ora até como sua mãe. A perda da literatura antiga sobre a matrilinearidade de Medeia não deve ser desconsiderada. É bastante comum que o nome da mãe e o dos parentes vinculados à linhagem materna sejam perdidos e esquecidos dentro de culturas patriarcais e patrilineares.

Neste ponto, é importante fazermos uma breve digressão para apresentarmos em linhas gerais a deusa Hécate. Talvez uma das aparições textuais mais antigas que possuímos acerca dela seja por intermédio do poeta grego Hesíodo, em sua

Teogonia (em grego, Θεογονία, *theos*, significa "deus" e *gonia*, significa "origem"), na qual ele narra o nascimento dos deuses e também do cosmos, uma vez que os corpos celestes eram identificados com as divindades primevas. Nessa obra, Hesíodo nos conta brevemente que Hécate era uma antiga divindade valorizada por Zeus, mais do que a todos. Uma vez que os deuses antigos e os novos, governados por Zeus, entraram em guerra pelo domínio do cosmos, o deus que ficaria conhecido como o rei do Olimpo, no exercício do seu poder, destituiu muitos dos antigos deuses de seus postos e poderes. Vários deles foram encarcerados nas entranhas da terra, em um lugar aparentemente terrível e obscuro chamado Tártaro – que, depois, será identificado como parte dos domínios de Hades e do reino dos mortos.

É significativo que a narrativa hesiódica nos informe que Zeus, ainda que tenha suplantado e destruído ou destinado à obscuridade e ao esquecimento os antigos deuses, mantenha com Hécate não só uma relação cordial (como manteve com os deuses antigos que se aliaram a ele e à sua causa), mas também, como diz a letra do texto, "mais que a todos, Zeus corrida honrou".*[13] Segundo Hesíodo, por Hécate ser

---

* E dirigiu-se Febe ao mui desejável leito de Coio; grávida a deusa por causa do amor pelo deus, gerou Leto peplo-negro, sempre amável, gentil para com homens e deuses imortais, amável dês o início, a mais suave dentro do Olimpo. E gerou Astéria bom-nome, que um dia Perses fez conduzir à grande casa para ser chamada sua esposa. Ela engravidou e pariu Hécate, a quem, mais que a todos, Zeus Cronida honrou; e deu-lhe dádivas radiantes, para ter parte da terra e do mar ruidoso. Ela também partilhou a honra do céu estrelado, e pelos deuses imortais é sumamente honrada: também agora, quando em um lugar um homem mortal faz belos sacrifícios regrados e os propicia, invoca Hécate. Bastante honra segue aquele, mui fácil, de quem, benévola, a deusa aceita preces, e a ele oferta fortuna, pois a potência está a seu lado. Tantos quantos Terra e

honrada por Zeus, ele concedeu a ela diversas dádivas. Entre elas, Hécate poderia transitar e habitar entre diversos reinos (ou esferas do real), coisa que não era possível para a maioria dos deuses, com exceção das divindades consideradas mensageiras, psicopompos ou psicagogos (palavras que designam divindades ou deidades que conduzem as almas dos mortos) – por exemplo, o deus Hermes. Em outras palavras, nessa narrativa, Hécate é uma deusa que, com base na autorização de Zeus, poderia "ter parte da terra e do mar ruidoso. Ela também partilhou a honra do céu estrelado".

É importante observarmos que, ainda que o texto de Hesíodo seja uma das fontes mais antigas que conhecemos – e, por isso, muito importante –, a deusa Hécate precede Hesíodo enquanto fenômeno da cultura e, presumivelmente, a própria cultura grega. Hécate é frequentemente representada como uma figura triádica, ou seja, com três aspectos

---

Céu geraram e granjearam honraria, de todos eles têm uma porção; e com ela o Cronida em nada foi violento nem usurpou daquilo que granjeou entre os Titãs, primevos deuses, mas possui como, dês o início, foi a divisão original. Nem, sendo filha única, partilha de menor porção de honra e mercês na terra, no céu e no mar, mas ainda também muito mais, pois Zeus a honra. Para quem quiser, magnificamente, fica ao lado e favorece. No julgamento, junto a reis respeitáveis, senta-se; na assembleia, entre o povo se destaca quem ela quiser: e quando rumo à batalha aniquiladora se armam os varões, a deusa ao lado fica daquele a quem quer, benevolente, oferta a vitória e estende a glória. Valorosa é ao se pôr junto a cavaleiros, aos que quer; e também sempre que varões disputam uma prova – lá a deusa também ao lado deles fica e favorece, e o vencedor, pela força e vigor, belo prêmio fácil leva, alegre, e aos pais glória oferta. E para eles, que trabalham o glauco encrespado, e fazem prece a Hécate e ao Agita-a-Terra ressoa-alto, fácil a deusa majestosa oferta muita presa, e fácil tira-a quando aparece, se quiser no ânimo. Valorosa é com Hermes, nas quintas, no aumentar os bens: rebanho de gados, amplos rebanhos de cabras, rebanhos de ovelhas lanosas, se no ânimo ela quiser, de poucos, fortalece-os, e de muitos, torna menores. Assim, também sendo filha única da mãe, entre todos os imortais é honrada com mercês. O Cronida tornou-a nutre-jovem dos que, depois dela, com os olhos viram a luz de Aurora muito-observa. Assim, dês o início é nutre-jovem, e essas, as honras.

– às vezes, três rostos e/ou três corpos. Seu culto se difundiu com bastante expressividade na Ásia Menor, e ela era compreendida como uma deusa associada à cura e, possivelmente, aos mistérios da vida e da morte. Depois, já no contexto da Grécia, o culto a ela foi assimilado aos mistérios eleusinos, segundo os quais a deusa da agricultura Deméter e sua filha, Core/Perséfone (nos seus aspectos de deusa da primavera e Senhora dos Mortos), são protagonistas.*

Hécate é descrita como uma deusa benévola, que aceita preces e oferece em troca, para os seus escolhidos, abundância na forma de vitórias, fortunas, bois, colheitas, honrarias etc. Ela também é sábia e aconselha reis respeitáveis em assembleia. E faz destacar-se quem quiser, uma vez que empresta a sua luz e potência. Hécate também é nutridora e protetora de crianças, além de ser condutora de almas. Podemos observar que Hécate, como deusa tríade, acumula características vinculadas às mais diversas virtudes e fases da vida. É sábia, ponderada e conselheira, como uma anciã; mas também é potente, geradora de riquezas e nutridora de crianças, além de, na condição de condutora de almas, aparecer como uma espécie de senhora dos mortos e dos andarilhos, dos buscadores, dos eremitas etc. Hécate, com suas três faces e três corpos, personifica a encruzilhada, os caminhos possíveis, os quais ilumina com uma tocha na mão. A potência alquímica de Hécate de transitar entre os mundos e colher sabedoria de todos eles, de iluminar a escuridão,

---

* Não deve passar despercebido que a própria tríade Core/Deméter/Perséfone – ou seja, a jovem, a mãe e a senhora dos mortos – transmite a ideia do que a deusa Hécate um dia foi: a deusa de três faces.

de conhecer os caminhos e sua evidente associação com as antigas deusas das culturas neolíticas matriarcais (veremos essa questão mais detidamente adiante) se manifesta, depois, na sua figuração como deusa da magia. É essa deusa que é a senhora protetora de Medeia.

Hécate também aparece na peça de Chico Buarque e Paulo Pontes, já citada nestas páginas. No trecho a seguir, podemos ver uma versão de Hécate bastante sincretizada e em relação com personagens e entidades de mitos e culturas diferentes, mas, ainda assim, o caráter fundamental da deusa permanece evidente:

> O pai e a filha vão colher a tempestade. A ira dos centauros e da pomba-gira levará seus corpos a crepitar na pira e suas almas vagar na eternidade. Os dois vão pagar o resgate dos meus ais. Para tanto invoco o testemunho de Deus, a justiça de Têmis e a bênção dos céus; os cavalos de São Jorge e seus marechais; Hécate, feiticeira das encruzilhadas, padroeira da magia, deusa-demônia, falange de Ogum; sintagmas da Macedônia, suas duzentas e cinquenta e seis espadas; mago negro das trevas, flecha incendiária, Lambrego, Canheta, Tinhoso, Nunca-Visto, fazei desta fiel serva de Jesus Cristo de todas as criaturas a mais sanguinária. Você, Salamandra, vai chegar sua vez Oxumarê de acordo com mãe Afrodite vão preparar um filtro que lhe dá cistite, corrimento, sífilis, cancro e frigidez. Eu quero ver sua vida passada a limpo, Creonte. Conto co'a Virgem e o Padre Eterno, todos os santos, anjos do céu e do inferno, eu conto com todos os orixás do Olimpo![14]

No trecho anterior, Joana, em um ritual, busca vingar-se daqueles que a fizeram mal, privando-a do consorte. Nessa vingança, junto com uma série de outras divindades e deidades, ela evoca sua ancestral deusa protetora: Hécate, descrita como "feiticeira das encruzilhadas", "padroeira da magia" e "deusa-demônia". Como Medeia, princesa divina, do bom conselho, sábia e conhecedora, e sua deusa protetora, Hécate, nutridora de crianças, propiciadora de bênçãos, habitante de todos os mundos e condutora de almas, foram tão fortemente associadas ao mal, ao infanticídio e ao demoníaco?

A degradação das mulheres e a depreciação das artes mágicas e das culturas que as operavam parecem estar interligadas. Para entendermos melhor esse processo, retomemos a história de Medeia.

Medeia nasce em uma família com poder político e abundantes recursos – tanto materiais quanto mágicos. Seu pai era rei e, possivelmente, um deus menor. Seu avô era o Sol, o astro-rei, o gigante do nosso sistema, que é chamado inclusive de sistema solar. Hélio era um dos deuses mais importantes das primeiras gerações de deuses. No livro *Argonáuticas*, de Apolônio de Rodes[15] – que é, ao mesmo tempo, fonte de nosso conhecimento e desconhecimento sobre Medeia, uma vez que o herói da narrativa é Jasão, que viria a se tornar seu marido –, Medeia nasce princesa e, pelo menos, semidivina. Talvez a própria fosse, antes, uma deusa, que com o declínio de seu nome perde o seu status divino. Medeia também tem sangue mágico, pois seu pai e sua tia são deuses feiticeiros, o que era bastante raro no imaginário grego. Também é filha ou devota da deusa Hécate e, no momento em que conhece Jasão, já possuía um laço bastante estreito com a deusa da magia e senhora de todos os caminhos.

A jovem princesa da Cólquida tem a sua vida transformada pela chegada de um guerreiro grego em seu país e no seu palácio. Jasão, príncipe por direito de Iolcos, cujo trono havia sido usurpado pelo seu tio Pélias, fora até a Cólquida na tentativa de recuperar o poder. Não vamos nos deter longamente sobre a história do herói, uma vez que nossa protagonista é Medeia, mas basta saber que Jasão fora buscar em Ea (Cólquida) um tesouro guardado pelo pai de Medeia: um velocino de ouro.* Para essa jornada heroica, Jasão reuniu figuras heroicas importantes, como os Dióscuros (irmãos de Helena, que ficará conhecida como Helena de Troia e será mencionada mais adiante) e até mesmo o famoso Héracles (Hércules).

Chegando ao palácio de Eetes – o pai de Medeia é chamado de "feiticeiro de espírito escuro" na *Odisseia* –, ao demandar o velocino de ouro ao temível rei,[16] Jasão é empurrado para dentro da goela do dragão. Algumas pinturas da Grécia Antiga nos ajudam a imaginar a cena: o herói, tendo conseguido escapar, pendurado inerte na boca

---

* Jasão era descendente de Freixo, famoso na mitologia grega por fugir de seu pai (o qual intencionava matá-lo) no lombo de um carneiro cuja lã era feita de ouro, e que fora enviado pelo deus Hermes para salvá-lo. Assim, Freixo fugiu para a Cólquida. Lá, casou-se com Calcíope e viveu até o fim de seus dias no Palácio de Eetes, pai de Medeia. O velocino de ouro – isto é, a lã do carneiro – foi preservado por Eetes e era, possivelmente, fonte de poder. Jasão, negociando a retomada de seu trono com seu tio usurpador, é provocado a recuperá-lo em troca. Jasão reúne grandes heróis na expedição guerreira conhecida como Argonáutica, e parte para Cólquida com o objetivo que recuperar o objeto mágico que seu ancestral havia levado da terra de Iolcos.

do dragão, vê o velocino de ouro suspenso em uma árvore. Esse é só o começo de uma série de trabalhos (assim como os de Hércules) e desventuras que Jasão precisa superar para obtê-lo.

Medeia, como afirma Apolônio de Rodes, apaixonou-se pelo herói desorientado. E é ela quem o ajuda nas provas às quais Eetes o submete. E maldito foi o dia em que ela pôs os olhos em Jasão. A Medeia de Eurípides se arrepende amargamente das escolhas da jovem Medeia de Apolônio de Rodes. A paixão, disse a Medeia euripidiana, é a causa dos maiores males para os mortais. De todo modo, porém, é Medeia quem prepara as poções e unguentos mágicos que Jasão usa para se proteger e enfeitiçar; é ela quem prepara uma poção do sono; é ela que conhece um canto encantado que faz o guardião do velocino, um dragão, dormir. Ela é a provedora do conhecimento e das técnicas que Jasão precisaria dominar para vencer aquelas provas. Sem Medeia, Jasão estaria morto antes mesmo de tentar; sua arte mágica, sua sabedoria e sua astúcia não só o salvam, mas permitem que ele seja bem-sucedido e cumpra com o seu *télos** heroico.

Medeia é frequentemente retratada com um caldeirão alquímico – o clássico caldeirão de preparo das bruxas – ao lado do qual ervas e plantas podem estar presentes; e dentro dele, pode haver um cordeiro ou um homem jovem. O caldeirão de Medeia faz referência a suas artes mágicas, seus

---

* *Télos* é uma palavra grega que designa finalidade, objetivo, destino final. O que sustenta a motivação de Jasão é seu desejo em se afirmar como herói – seu objetivo de vida, que lhe é concedido por Medeia.

rituais sacrificais e seu domínio sobre os mistérios da vida e da morte, uma vez que ela é capaz de rejuvenescer pessoas. Uma das histórias que se passam já depois do retorno de Medeia e Jasão à Grécia envolve Medeia rejuvenescendo magicamente o velho pai de Jasão.

É esta maga-feiticeira que, em troca dos seus favores, faz Jasão jurar, diante da testemunha de todos os deuses, que a levaria com ele na condição de esposa, a quem seria sempre fiel. Mais adiante, a Medeia de Eurípides recordará esse juramento: "Medeia, desgraçada e desprezada, clama pelos juramentos, invoca as mãos que se apertam, esse penhor máximo, e toma os deuses como testemunhos da recompensa que recebeu de Jasão".[17] Quem dera, disse a ama de Medeia na tragédia, que a embarcação de Jasão, a nau Argo, nunca tivesse chegado ao país de Ea. Se a nau Argo nunca tivesse zarpado, Medeia jamais teria sido "ferida no seu peito pelo amor de Jasão".

Medeia, porém, se apaixona e utiliza de sua astúcia e seus poderes mágicos para beneficiar o amado. Também evoca Hécate, sua protetora, para proteger Jasão, e ensina a ele rituais sagrados que o favoreceriam aos olhos da deusa. Ele, obediente, segue à risca as recomendações de Medeia e vai, ao anoitecer, sob a luz da constelação da Ursa Menor, até a beira de um rio sagrado. Lá, banha seu corpo ritualisticamente, veste um manto comprido, cava uma pequena cova no chão e sacrifica uma ovelha sobre a lenha acesa, chamando Hécate e pedindo a proteção da deusa nas provas às quais teria que se submeter. Hécate, que estava no submundo (ou no abismo), escuta as preces de Jasão e vai até ele. As serpentes, reconhecendo a chegada de sua senhora, se enroscam nas árvores enquanto os cães do submundo ladram. No entanto, Jasão não fica para ver a deusa chegar e, amedrontado, se retira sem olhar para trás.

Jasão sai vitorioso de todas as provas, mas, ainda assim, Eetes não parece disposto a entregar o seu tesouro. Medeia e Jasão roubam o velocino de ouro e fogem da Cólquida. A aventura que se segue envolve a perseguição dos amantes, assassinatos, expiação e purificação de crimes, um encontro rápido com Circe, deusa-bruxa e tia de Medeia, a volta para Iolcos e a conquista da cidade. Mais uma vez, em cada uma dessas provas, Medeia salva Jasão e seus companheiros, articula planos eficazes, prepara poções mágicas, se disfarça ou se transmuta de modo que conquistasse, literalmente, cidades.

Entre a reconquista do trono de Iolcos por Medeia (para Jasão) e as informações que temos por meio de Eurípides, há um hiato significativo que pode ser preenchido de muitos modos diferentes. O que sabemos de forma mais ou menos coesa, porém, é que Medeia e Jasão não viveram como governantes de Iolcos. Talvez o povo de Iolcos tenha se desagradado por uma feiticeira ser sua rainha; talvez Jasão não tivesse virtude política para governar; talvez o povo gostasse mais do usurpador. Medeia e Jasão, contudo, se instalam na cidade de Corinto, onde vivem muito bem, ainda que como estrangeiros. Tornam-se pais de duas crianças pequenas, cujo nome e cuja idade desconhecemos.

Jasão, porém, vaidoso e ambicioso, não se contenta com a vida de pai, marido e expatriado e seduz a bela Glauce (ou Glauca), a princesa de Corinto, filha do rei Creonte. Gozando dos favores dela, da promessa de um casamento real e do futuro trono de Corinto, Jasão rejeita Medeia. No entanto, a rejeição e o abandono afetivo não são os únicos marcadores da traição de Jasão. Em razão do caráter de Medeia (segundo Jasão), ela também deveria deixar, com os filhos do casal, a cidade de Corinto e estabelecer moradia em outro lugar. Uma vez que ela "possui um espírito perigoso que não suportará sofrimento",[18] de um "caráter selvagem, temeroso, de um ânimo indomável",[19] e que "não é mulher, mas leoa, dotada de uma natureza mais selvagem do que a Cila Tirrénica",[20] e que é "por natureza astuta e sabedora de muitos artifícios",[21] a própria existência de Medeia, seu luto e sua dor ameaçam Jasão, sua nova família e seus planos.

Descendente de deuses e feiticeira, a sábia personagem da tragédia de Eurípides se encontra em uma situação em que mulheres antigas deveriam, segundo a convenção social, reagir pacificamente. Enganada e trocada por Jasão, que a culpabiliza pelo próprio abandono e desterro – uma vez que chega a afirmar que, se Medeia fosse dócil, não haveria necessidade de mandá-la embora –, ela se vê absolutamente desamparada e procura, no contexto da sua dor, a compreensão das mulheres de Corinto; pede que não a censurem, e busca conforto na identificação com elas. O motivo de sua revolta é manifesto: o papel social atribuído a mulheres no matrimônio e na função da reprodução é duro demais, e elas são rebaixadas em seu direito e liberdade. Mantidas em isolamento, são vistas como objeto de satisfação e descartadas quando inconvenientes, indóceis e insubmissas. Trata-se de uma história antiga, mas ainda assim costumeira: o homem amado torna-se, para a mulher, o pior dos algozes.

Saí de casa, ó mulheres de Corinto, para que nada me censureis. Porque eu sei que muitos dentre os mortais são arrogantes, uns longe da vista, outros à porta de casa; outros, atravessando a vida com passo tranquilo, hostil fama ganharam de vileza. Porque não há justiça aos olhos dos mortais, se alguém antes de bem conhecer o íntimo do homem, o odeia só de o ver, sem ter sido ofendido. Força é que o estrangeiro se adapte à nação; tampouco louvo do cidadão que é acerbo para os outros, por falta de sensibilidade. Sobre mim este feito inesperado se abateu, que a minha alma destruiu. Fiquei perdida e tenho de abandonar as graças desta vida para morrer, amigas. Aquele que era tudo para mim (ele bem o sabe) no pior dos homens se tornou – o meu esposo. De quanto há aí dotado de vida e de razão, somos nós, mulheres, a mais mísera criatura. Nós, que primeiro temos de comprar, à força da riqueza, um marido e de tomar um déspota do nosso corpo – dói mais ainda um mal do que o outro. E nisso vai o maior risco, se o tomamos bom ou mau. Pois a separação para a mulher é inglória, e não pode repudiar o marido. Entrada numa raça e em leis novas, tem de ser adivinha, sem ter aprendido em casa, de como deve tratar o companheiro de leito. E quando o conseguimos com os nossos esforços, invejável é a vida com um esposo que não leva o jugo à força; de outro modo, antes: a morte. O homem, quando o enfadam os da casa, saindo, liberta o coração do desgosto ou voltando-se para um amigo, ou para um companheiro. Para nós, força é que contemplemos uma só pessoa. Dizem: como nós vivemos em casa uma vida sem risco, e eles a combatem com a lança. Insensatos! Como eu preferiria mil vezes estar na linha de batalha a ser uma só vez mãe![22]

Na minha opinião, esse é um dos trechos mais importantes e potentes da história da tragédia grega. A Medeia de Eurípides não é apenas traída e trocada pela jovem princesa de Corinto. O caso é bem mais sofisticado: trata-se de uma mulher estrangeira, vivendo sob a proteção de um homem grego, com dois filhos frutos dessa união, e que, ao ser abandonada, se encontra em uma posição de extrema vulnerabilidade. Além disso, é expulsa da cidade que passou a ser sua casa. Seu temperamento, sua personalidade, sua maneira de se colocar no mundo são estranhos aos gregos, acostumados à docilidade servil imposta às mulheres. Medeia é frequentemente chamada de "louca", "mãe em delírio", possuidora de um "coração tresloucado", acometida por "insânia", e por aí vai.* Em determinado momento, Jasão alerta Medeia: apesar de sábia, estaria se colocando em risco pela maneira como

---

* Em uma rápida contagem, identifiquei as passagens a seguir: "... pobre louca..." (Pedagogo, 61, p. 47); "Não te aproximes da mãe em delírio..." (Ama, 91, p. 49); "Que desejo é esse das núpcias que deves evitar, ó louca..." (Coro, 151, p. 51); "Vai-te, ó louca..." (Creonte, 333, p. 59); "Coração tresloucado..." (Coro, 432, p. 62); "Ó loucura, ó mulher..." (Jasão, 614, pág 69), "Estarás louca, ó mulher..." (Mensageiro, 1130, p. 93).

se comporta, pela ferocidade de sua língua, pela violência de seus afetos. Nesse alerta há um estranho tom de ameaça, o que nos ajuda a formar uma imagem de Jasão bastante negativa: é perjuro, manipulador, covarde e vicioso. Talvez o Jasão dos relatos antigos, da Idade de Ouro dos heróis, fosse virtuoso (ainda que parcialmente incapaz), mas o Jasão de Eurípides decerto não encarna virtudes heroicas.

No trecho citado anteriormente, Medeia faz referência a algumas dificuldades enfrentadas pelas mulheres de seu tempo, entre elas o dote, prática que se manteve por muito tempo na história da nossa cultura. Nesse contexto, a prática do dote aparece no texto sob a formulação acerca da necessidade de a mulher ter que comprar, "à força da riqueza, um marido" – e, com isso, tomar um "déspota" ou, segundo outras traduções possíveis, um tirano de seu corpo. Ademais, a mulher é impedida pela lei grega de repudiar o marido, ainda que este possa repudiá-la. Como estrangeira, a situação de Medeia é ainda mais complicada, pois "numa raça e em leis novas, tem de ser adivinha" e aprender sozinha como tratar o companheiro de leito.

Medeia corajosamente expôs a maior ferida da condição feminina na Antiguidade, em um discurso que me parece quase protofeminista: a solidão e o isolamento da mulher, sobretudo da mulher estrangeira, mãe e insubmissa – condição que é a realidade de muitas até hoje. Pois os homens, afirma nossa anti-heroína, quando cansados do convívio com sua esposa e filhos, têm liberdade e autorização social para buscar outros espaços de troca e acolhimento, outras atividades, sejam esportivas, intelectuais ou políticas. Nesse sentido, aos homens é dado um tipo bastante privilegiado de liberdade: a da criação de vínculos fora a família e a variedade relacional. As mulheres, em contrapartida, ao serem confinadas ao espaço doméstico, são condenadas ao isolamento e, mais uma vez recorrendo à letra do texto, forçadas a contemplar "uma só pessoa", ou seja, o marido. Em um contexto em que o vínculo de uma mulher é exclusivamente o marido, e este a abandona, essa mulher está condenada ao ostracismo geográfico (no caso de Medeia), material e emocional.

Por fim, a fala de Medeia reflete a justificativa mais cruel para a consolidação do isolamento e subjugação feminina, que seria, quase que por ironia, o privilégio de viver uma vida sem riscos, no retiro do lar, sem a necessidade de lutar nas guerras. A ausência das mulheres da prática da guerra, assim como sua suposta inferioridade física, foi usada como fundamento para o seu encarceramento no espaço doméstico e a sua exclusão da vida pública. Medeia, dando voz à revolta contra esse argumento ultrajante e humilhante, responde magistralmente. Para ela, a função reprodutiva é, acima de qualquer coisa, perigosa: "Como eu preferiria mil vezes estar na linha de batalha a ser uma só vez mãe!",* diz ela. Se o valor social de Medeia e de todas as mulheres, de muitos modos, ainda hoje é reprodutivo, dentro de uma sociedade patriarcal e patrilinear, Medeia não existe enquanto sujeito, mas como meio pelo qual a linhagem masculina se perpetuaria. Se, tal

---

* EURÍPEDES. *Medeia*. Tradução de Maria Helena da Rocha Pereira. Linhas 250-1. Lisboa: Fundação Calouste Gulbenkian, 2016.

como ela descobre, nem seus filhos são exatamente seus – porém, antes disso, de Jasão –, Medeia percebe que ela e os filhos são, antes de tudo, funções sociais. Desse modo, chegamos por fim à escolha hedionda. Medeia, ao matar os filhos, priva Jasão de sua descendência, punindo-o e, ao mesmo tempo, tornando-se livre.*

Contudo, ainda que o assassinato dos filhos possa representar o símbolo da libertação de Medeia (e das mulheres em geral), é importante lembrar que Medeia apenas é a assassina dos próprios filhos na narrativa forjada de Eurípides e que o famoso crime hediondo não parece existir em histórias mais antigas acerca de nossa feiticeira. Segundo uma versão coríntia, Medeia tinha catorze filhos com Jasão, e era rainha por direito próprio da cidade de Corinto, uma vez que os coríntios veneravam o deus Hélio, por quem eram governados, cuja representante, de certa forma, era Medeia. Ela governa Corinto junto de Jasão, que ocuparia a posição de rei consorte. Os coríntios, em um ato de revolta contra o governo de Medeia – talvez por ser mulher, talvez por ser feiticeira –, assassinam as catorze crianças. Essa versão da história também pode ser analisada simbolicamente: catorze não parece ser um número aleatório, uma vez que há uma correspondência entre a fecundidade do ciclo dos corpos das mulheres com a contagem do tempo com base no calendário lunar. Talvez a morte dos filhos de Medeia represente uma terrível seca na cidade de Corinto, e seu sacrifício, uma tentativa de apaziguar os deuses.

---

* Sempre importante lembrar que estamos falando de uma personagem fictícia de uma peça de teatro e a morte dos filhos é simbólica. Obviamente, a autora não endossa práticas de infanticídio.

O assassinato dos filhos não é o único crime que a Medeia de Eurípides comete. Ela também matou, ao colocar veneno nas vestes presenteadas a Glauca, a futura esposa de Jasão. Creonte, o pai de Glauca, ao tentar socorrer a filha, também sucumbe ao poder do terrível veneno. Desse modo, Jasão é privado não só de sua descendência e linhagem, mas do poder político a que aspirava ter com o casamento com Glauca. Medeia o deixa viver, apenas para contemplar a própria desgraça, e profetiza o fim dos seus dias, solitário e errante, atingido na cabeça pela madeira da mesma nau que um dia o levou à longínqua terra de Ea para conquistar o velo de ouro. Na cena final da peça, Jasão pede pelos corpos dos filhos, para enterrá-los, e Medeia o recusa, afirmando que os filhos pertenciam a ela e que os levaria consigo. Medeia está majestosa. Ao seu lado, a aguarda uma carruagem alada emprestada pelo seu avô, o deus Hélio, na qual os corpos dos filhos repousam. E ela parte vitoriosa de uma cena que parece absolutamente terrível.

Ainda que tenhamos a impressão de que a vingança está completa, estranhamente, algo parece não ter sido resolvido, ainda para o imaginário grego. Medeia matara os próprios filhos, derramara o sangue de parentes consanguíneos. Tal crime era inexpiável para um mortal, e Medeia deveria estar sendo amaldiçoada pelos deuses e perseguida pelas Erínias, divindades vinculadas à justiça, à vingança e ao direito materno. Em vez disso, ela estava se retirando em glória, com a sua honra recuperada e seu orgulho intacto, sendo, inclusive, ajudada pelos deuses. Ao contrário de Hércules – que, acometido por loucura, assassina a esposa e os filhos e precisa dedicar parte considerável da vida a reparar esses crimes –, Medeia não parece sofrer o mesmo destino.

Embora ela tenha sido chamada de louca, ou alguma variação do termo, pelo menos oito vezes ao longo do texto de Eurípides, ela deixa a cena de modo solene. Podemos arriscar algumas interpretações para esse estranho fim: talvez Medeia, ao matar os filhos num sistema patrilinear, não tenha (simbolicamente) matado os próprios filhos, mas os filhos de Jasão. Parte considerável dos seus motivos para assassinar as crianças é privar Jasão de sua descendência e puni-lo por tê-la tratado apenas como um meio de reprodução da sua linhagem. O assassinato era considerado um crime terrível, mas possível de expiação. Além disso, as ideias de vingança e justiça estavam bastante aproximadas na Antiguidade e muitos heróis cometeram assassinatos terríveis com o único intuito de preservar a sua honra. Desse modo, se Medeia matou os filhos de Jasão como um ato de vingança em prol da integridade de sua honra, existiria algo de "justiça sendo feita" no imaginário antigo.

Contudo, sem excluir a interpretação anterior, devemos considerar o seguinte: a justiça das Erínias era destinada a recair sobre humanos. Medeia, não sendo exatamente humana, não poderia ser julgada por elas e pelo sistema que representavam. Talvez Medeia, assim como os demais deuses gregos, estava para além do bem e do mal. Nesse contexto, a falta de consequências para seus atos parece designar que, ainda em sua plena decadência, algo da dimensão do divino a configurava e a protegia. Seria Medeia uma deusa em declínio, ou apenas uma mulher louca?

A história de Medeia não termina aqui. Depois de fugir de Corinto, ela passa por várias aventuras, encontra o herói Hércules (que tinha uma dívida de gratidão com ela), casa-se com Egeu, o velho rei de Atenas, tornando-se, possivelmente – ainda que por um breve período – rainha de Atenas. Depois de ser expulsa por Teseu, reza a lenda,[23] Medeia fugiu para outras localidades, que ficaram conhecidas como Magna Grécia e, hoje, certas regiões da Itália. Lá, a lenda sobre a bruxa/rainha/feiticeira se dissipa, mas alguns dizem que ela virou uma encantadora de serpentes, imagem simbólica bastante forte para toda a potência e ambivalência que Medeia personifica.

O caso de Medeia é bastante interessante por ser uma das maiores representantes, junto de Hécate e Circe, da presença de personagens bruxas e feiticeiras na mitologia grega. Em regra, a magia e a feitiçaria eram práticas destinadas a reconectar o indivíduo com as forças da natureza – que, por sua vez, era considerada sagrada. Nesse sentido, é bem possível que as práticas de magia e feitiçaria sejam remanescentes de culturas panteístas, que identificavam em toda a expressão da vida a marca do divino, e buscavam, na relação com os elementos da natureza e com os encantamentos, retomar esse vínculo. Depois, a magia e a feitiçaria serão associadas ao domínio da natureza e à capacidade de forçar o mundo natural e a se comportar de maneira a corroborar com as intenções do mago. Esse momento da magia está mais fortemente associado às formações de escolas mágicas masculinas.* Contudo, antes mesmo de a magia ser um recurso de reaproximação do ser humano com a natureza, a expressão simbólica/mitológica já protagonizava figuras femininas não apenas sob a forma de magas, bruxas e sacerdotisas, mas no corpo de mulheres que personificavam aspectos da antiga deusa da fertilidade, da nutrição e dos poderes que regem a vida e a morte. Para falar sobre isso, nas próximas páginas apresento ao leitor mais uma de minhas anti-heroínas favoritas: a famigerada Helena de Troia. Ou será de Esparta?

HELENA DE TROIA: *FEMME FATALE*, DEUSA DA FERTILIDADE E DA SEXUALIDADE OU MULHER CORROMPIDA E CORRUPTORA?

Outra mulher e mãe que foi, ao mesmo tempo, amada e odiada no decorrer dos séculos e milênios foi Helena de Troia. Famosa por ser a mulher mais bela do mundo e, de certa forma, mimetizar a própria Afrodite – a deusa do amor e da guerra –, Helena era politicamente poderosa e sexualmente emancipada. Natural da cidade grega de Esparta, era rainha por direito próprio. Não obstante Esparta costumar ser lembrada, tanto entre os acadêmicos quanto na cultura pop, pela sua eficiência na prática da guerra e pela sobriedade dos seus valores – o que, por intuição, nos levaria a pensar nela como uma cidade patriarcal por excelência,

---

* Para falar propriamente sobre a história da magia, seria necessário um livro à parte, uma vez que é muitíssimo sofisticada e interessante e acompanha a história das culturas. Expus aqui uma breve consideração para fins de esclarecimento.

pois era grega e se organizava pela *ethos* da guerra –, possuindo certa ambiguidade.

O mais interessante é que Helena tornou-se rainha de Esparta por direito próprio, apesar de ser mulher e ter irmãos homens. Filha de Leda, rainha de Esparta, e Zeus, ninguém menos do que o próprio senhor do Olimpo, Helena é uma mulher incomum. Górgias, retórico grego, ao promover um discurso sobre ela, afirma que Helena era superior às pessoas comuns "por natureza e genealogia".[24] Uma vez que era filha de uma rainha e de um deus, ela possui uma parte nobre, ainda que mortal, e outra parte nobre e imortal.

Se imaginarmos Helena como uma figura histórica, ela teria vivido no fim da Idade do Bronze e sua origem, a priori, estabelece uma série de qualidades e virtudes valorizadas pela cultura grega antiga, especificamente quando falamos dessa época.

O encontro amoroso que resulta na concepção de Helena é famosíssimo e foi tema de inúmeros artistas ao longo dos séculos. Qualquer museu de arte na Itália terá uma pintura ou escultura da união entre Leda e Zeus, que foi até ela como um imenso cisne branco às margens do rio Eurotas. É comum que Zeus não use sua forma própria para se apresentar às suas amantes ou às vítimas de suas investidas, frequentemente assumindo a aparência de um animal ou se manifestando como elemento, como, por exemplo, uma chuva (de ouro). Fertilizada por Zeus enquanto cisne, Leda, na mesma noite, deita-se com seu marido, Tíndaro, rei de Esparta. O inusitado encontro amoroso resulta em uma incomum gestação:

Leda coloca dois ovos e de cada um deles nasce dois bebês. Os meninos serão chamados Castor e Pólux, e se tornarão grandes heróis, símbolo de amor e amizade entre irmãos e até, alguns dizem, a constelação de gêmeos. Já as meninas, Helena e Clitemnestra, serão, na ordem, as responsáveis por uma das maiores guerras mitológicas (ou não) que o mundo já viu, e pela maior trilogia de tragédia da cultura (junto com Édipo): a *Oresteia*.

Helena, desde que é gerada, é perpassada de dualidade. Ela é filha de Leda e Zeus, mas é criada por Tíndaro, relação na qual há uma sobreposição de pais, uma vez que Tíndaro é chamado frequentemente de "pai de Helena". Com Pólux, seu irmão, Helena figura a descendência divina. Castor e Clitemnestra seriam os filhos biológicos de Tíndaro. Por ter sido criada para ser rainha de uma cultura patriarcal, talvez, em algum período longínquo, a cidade de Esparta tenha tido um funcionamento matriarcal ou matricentrado e, por isso, a marca da matrilinearidade tenha sobrevivido através dos tempos e se consolidado no contexto da família real de Esparta. Na prática, o poder político era transmitido pela linhagem feminina.

Helena nasce e cresce como uma princesa, chamando atenção desde cedo pela sua beleza incomum. Ainda criança, é sequestrada por Teseu, rei de Atenas. Seus irmãos Castor e Pólux, em uma excursão secreta ao palácio de Teseu, conseguem resgatá-la e, como punição ao crime cometido pelo velho rei, sequestram Etra, sua mãe idosa. O sucesso da missão dos Dióscuros (irmãos de Helena) muito provavelmente evitou uma guerra maior, uma vez que o sequestro da princesa que seria a futura rainha, próximo da idade de entrar "no mercado matrimonial", era uma ofensa pouco suscetível de ser perdoada ou esquecida. Helena volta para casa; contudo, por causa do sequestro e possível estupro de que foi vitimada, foi afamada por longo período como a responsável pela antiga inimizade entre Atenas e Esparta.

Com o passar do tempo, Helena permaneceu célebre, com mais ou menos status, e foi tema de retóricos, pensadores e artistas. Isócrates, um filósofo e retórico do século IV a.e.c., sobre o rapto de Helena por Teseu, diz:

> Teseu foi de tal forma encantado por sua beleza que, embora acostumado a subjugar outras pessoas e apesar de possuir uma grande pátria e um reino muito seguro, achou que não valia a pena viver entre as dádivas de que já gozava a menos que pudesse da intimidade com ela.[25]

Mais tarde, depois de retornar para Esparta, se casa com o príncipe micênico, Menelau, irmão mais novo de Agamenon, rei de Micenas, que, no contexto da Guerra de Troia, se tornará o rei dos reis gregos. Mecenas era uma cidade riquíssima, uma das mais poderosas da época, e o casamento entre um príncipe micênico e a futura rainha de Esparta certamente foi um fenômeno político e social bastante importante. Menelau, além de desposar a mulher que ficaria famosa ainda em vida por ser a mais bela do mundo, torna-se rei consorte de Esparta através dessa união.

Depois de todos empenharem a palavra, unidos habilmente pelo idoso Tíndaro, este deu liberdade à sua filha para que a escolha, entre os ilustres pretendentes, do indicado pelo sopro acariciante de Afrodite. A preferência dela foi Menelau por que os outros deuses não o impediram de unir-se em núpcias catastróficas a Helena? Pouco tempo depois Páris chegou da Frígia a Esparta, ele, o árbitro entre as três deusas, vestido suntuosamente em roupas áureas em plena ostentação da bárbara opulência. Páris se apaixonou pela formosa Helena e foi correspondido em seu amor por ela.[26]

A escolha de Menelau como marido de Helena não foi algo simples. A fama de Helena se espalhava como fogo selvagem por todo o território grego. Todos os grandes reis, príncipes e heróis solteiros se imaginaram como maridos de Helena. Um grande torneio foi realizado na cidade de Esparta, e uma enorme concentração de homens convencidos do seu valor e da superioridade uns em relação aos outros se juntou para disputar a mão de Helena e o reino de Esparta. Ainda que um torneio e a expectativa de um matrimônio significassem uma situação festiva, os ânimos começaram a se acirrar e, mais do que algumas mortes movidas a egos inflamados, um banho de sangue parecia ser um desfecho bastante possível.

Odisseu (ou Ulisses), rei da módica Ítaca e célebre pela sua inteligência e astúcia, comparecera ao torneio por causa da mãe de Helena, mas estava bastante consciente de suas modestas chances. Ele percebe com bastante clareza o risco que todos ali corriam e fornece a Tíndaro uma solução que beneficiaria os presentes, principalmente ele próprio. Em troca da mão de Penélope, prima de Helena, Odisseu compartilha e realiza seu plano que, apesar de bastante simples, resolveria a questão e selaria o destino de todos ali presentes: um juramento deveria ser feito entre os candidatos. Todos eles, perante os deuses, deveriam jurar respeitar a escolha de Helena e, mais do que isso, proteger aquela união. Juramento era algo sério na Grécia Antiga e existiam poucas coisas piores do que ser considerado um perjuro. Todos eles, acreditando na sua chance de se beneficiar de tal acordo, juraram. Anos depois, Menelau, com seu irmão mais velho Agamenon, viajaria por toda parte cobrando lealdade dos homens mais ricos e poderosos do mundo grego.

Certo dia, levado pelos deuses e pelo destino ao palácio de Helena para causar uma grande mudança na vida de nossos personagens e no mundo,* chega a Esparta o jovem príncipe troiano Páris (ou Alexandre). Ao contrário de seus irmãos, ele não cresceu como pertencente da família real de Troia e por muito tempo desconhecia sua linhagem real. Viveu sua infância e parte da juventude como um simples pastor no monte Ida, aos arredores da Troia. Páris fora criado por Agelau, também pastor e vassalo de Príamo, rei de Troia.

---

* Essa história está encadeada com o evento do lançamento do pomo de ouro, pela deusa da discórdia, Éris, durante o banquete de casamento de Peleu e Tétis. Tal pomo conferiria à sua portadora o título de "mais bela", a competição que se segue entre as três deusas gregas – Atena, Afrodite e Hera – desencadeia uma série de eventos que dão início aos intricados destinos, culminando na épica queda de Troia, uma vez que Afrodite promete a Páris (que, naquela ocasião, seria o responsável por decidir qual das deusas seria a mais bela) a rainha de Esparta, Helena, como sua amante/esposa.

Sua criação simples se deve ao seguinte fato: um pouco antes de nascer, foi profetizado que Páris causaria a ruína para Troia, sendo o responsável pela sua destruição. Os pais, que também eram o rei e a rainha de Troia, horrorizados, planejaram livrar-se do menino assim que nascesse. Uma vez que as Erínias puniam terrivelmente aqueles que assassinavam parentes consanguíneos, Príamo e Hécuba estavam impedidos de matar Páris com as próprias mãos, e logo arranjaram de um servo se encarregar do serviço indigesto. Ainda que Agelau tenha deixado o garoto ao relento por alguns dias na esperança de que o tempo ou as feras selvagens se ocupassem de dar cabo da vida do pequeno Páris, movido por uma enorme culpa, ele retorna ao lugar onde o abandonara e, para sua surpresa, o bebê estava vivo, uma vez que fora protegido e amamentado por uma ursa.

Páris cresce ignorante de sua verdadeira identidade, mas os deuses não permitiriam que ele vivesse e descumprisse aquilo que lhe estava destinado. Certo dia, em uma de suas caminhadas rotineiras, Páris é abordado por um deus: ninguém mais do que o mensageiro divino, Hermes. Todo mortal sabia que o encontro com uma divindade não era sinônimo de graça ou bênção; significava mais frequentemente um destino terrível e uma série de infortúnios. Ainda assim, era quase impossível recusar o que qualquer deus demandasse.

Hermes abordou Páris apenas para informá-lo que Zeus decretara que ele seria o juiz de uma questão delicada. Três deusas poderosas disputavam entre si o título de beleza suprema e Zeus escolhera Páris, por um motivo que ele desconhecia,* para bater o martelo e definir quem era a mais bela entre Hera, Atena e Afrodite. Assombrado, Páris hesitava em escolher. Talvez o motivo de sua hesitação pudesse ser atribuído ao fato de que as três deusas eram belíssimas, e que seria impossível eleger uma entre elas; talvez Páris soubesse que, uma vez que tivesse escolhido uma delas, ele necessariamente feriria o orgulho das outras duas, tornando-as inimigas poderosas. As deusas, notando a hesitação de Páris, resolvem ajudá-lo a fazer uma escolha oferecendo-lhe presentes (ou subornos). Cada uma delas oferece o que tem. Hera, como Senhora de Homens e Deuses, consorte do senhor do Olimpo, na condição de rainha, oferece-lhe aquilo que é atribuído aos reis: terras e riqueza. Atena, como deusa da guerra e da sabedoria, oferece-lhe habilidade, fama e vitórias enquanto guerreiro, além de sabedoria. Já Afrodite, como deusa do amor e da beleza, oferece a Páris um presente estranho se comparado ao que as outras duas lhe propuseram. Se ele a elegesse a mais bela, ela o presentearia com a mulher mais bela do mundo.

Nas minhas aulas, sempre digo que Páris devia ser realmente muito jovem, pois ele elegeu Afrodite como a mais bela, garantindo para si a mulher mais bela do mundo como consorte, que era Helena (até o momento, Helena de Esparta), e, de uma só vez, fazendo de Hera e Atena, deusas associadas ao poder político e à guerra, suas inimigas.

O desenrolar de acontecimentos que levam Páris a ser readmitido na família real de Troia e a viajar até Esparta é

---

* Dizem as histórias que Zeus, desejando aliviar Gaia (a deusa terra) do peso que era suportar a raça humana, havia planejado uma guerra de enormes dimensões. A escolha de Páris como juiz seria uma maneira possível de fazer a guerra acontecer.

extenso e complexo, o que exigiria um livro inteiro apenas para explorar os pormenores dessa história. Por ora, basta dizer que foi assim. Páris, sendo bem-vindo no palácio de Esparta, uma vez que as relações diplomáticas entre Esparta e Troia eram, até o momento, amigáveis, reconhece no rosto de Helena sua semelhança com a deusa Afrodite e sabe que está diante da mulher que fora prometida pela deusa. É esse o encontro que origina a Guerra de Troia.

Há certa discussão acerca do motivo da ida de Helena para Troia. Alguns defendem a ideia de que Helena tenha sido forçosamente levada para Troia por Páris. Versões mais antigas da lenda afirmam que Helena se apaixonou por Páris e, se foi forçada a ir, os únicos responsáveis pela sua mudança seriam os deuses Eros e Afrodite. De toda forma, a partida de Helena parecia inevitável, uma vez que foi prometida a Páris pela deusa do amor. Ao partir, deixa não só Menelau, mas também Hermione, a filha do casal. O golpe foi sentido por Menelau (e pelos homens da Grécia) de maneira bastante intensa. Os gregos eram orgulhosos de sua masculinidade ou, pelo menos, do que fantasiavam ser a masculinidade, e Páris não era um homem à moda grega. Como Troia era um reino considerado do Oriente, e a própria literatura grega deixa transparecer que Páris era forjado muito mais para o amor e a sedução do que para a guerra, a masculinidade de Páris foi questionada – e, além de "bárbaro", ele foi considerado "afeminado". Para Menelau, não havia ofensa maior.

Ao deixá-lo, Helena torna-se adúltera e abandonadora de sua família, além de ameaçadora da virilidade do homem grego. Como assim a mulher mais bela do mundo, semelhante à deusa Afrodite em beleza, deixou um bom homem micênico e preferiu as núpcias e a convivência com um homem estrangeiro e afeminado? Essa foi a pergunta que deve ter fervido o sangue e ferido o orgulho de todos os homens da Grécia que, um dia, se imaginaram na cama de Helena. Ao se tornar princesa de Troia, Helena fere o narcisismo do homem grego e, com isso, provoca involuntariamente uma guerra que dura dez anos. Nesse sentido, recuperar Helena não é salvá-la, resgatá-la ou remendar a honra de um rei trocado. Recuperar Helena é salvar o ego dos homens de toda uma nação que só passam a se reconhecer como nação na ameaça à sua frágil masculinidade: para recuperar Helena, as cidades-estado se unificam sob o comando de um único rei, em um único exército, o grego. A percepção que os gregos tinham acerca de Helena começa a ficar cada vez mais borrada e já não há consenso se ela deveria ser resgatada ou punida com seu novo marido e todo o seu povo.

Uma vez em Troia, Helena tem sua presença marginalizada no imaginário. Ela vive como princesa e esposa de Páris, aparecendo de relance no topo das muralhas da cidade de Príamo para assistir a momentos da guerra. Logo, Menelau se convence de que sua esposa não parecia estar ali forçada ou como escrava, mas por vontade própria, e o desejo de recuperá-la começa a se transformar no desejo de vingar-se. Homero, poeta grego responsável pelos poemas épicos *Ilíada* e *Odisseia* – que, respectivamente, narram os últimos dias da Guerra de Troia e o retorno do herói Odisseu para casa –, faz uma pintura estranha de Helena. A Helena de Homero é uma mulher arrependida, que menospreza a si mesma e ao novo marido e sente saudade do marido antigo, mais corajoso e virtuoso do que o segundo. Helena nutre certo ódio contra si mesma, contra seus desejos e contra a deusa Afrodite, culpada pelo seu destino cruel. Ela deseja voltar para casa e se lamuria da dor e do sofrimento pelos quais é responsável, e diz: "Os deuses nos legaram um destino cruel/ Para que fôssemos tema dos bardos/ Durante muitas gerações".[27]

Os anos de guerra foram cruéis para todos. Os gregos, longe de casa, deixaram seus reinos vulneráveis. Os troianos, sitiados, se esconderam por detrás de muralhas que tinham a fama de serem intransponíveis. Heróis famosos de ambos os lados morreram como moscas. As planícies de Troia viram uma geração de homens tombarem e Helena ficou conhecida como assassina de heróis, ainda que nunca tivesse colocado as mãos em armas e que os homens tivessem matado uns aos outros. Ela ficou conhecida por, além de sua beleza, ter levado os homens da Grécia para uma guerra que duraria uma década e ter condenado boa parte deles à morte. Troia seria, então, o túmulo comum da Europa e da Ásia. Anos se passam, heróis morrem, histórias de guerra se desenrolam e o destino se cumpre. Finalmente exaustos, os gregos, seguindo um plano do astuto Odisseu, conseguem conquistar e saquear a cidade sagrada de Príamo. O plano é simples: um cavalo seria construído, como um aparente presente, para os troianos e os deuses, como gesto de reconhecimento pela vitória na guerra e como propina para favorecer uma volta segura para casa.

Contudo, esse presente era uma armadilha. Dentro do corpo do enorme animal de madeira, a elite remanescente do exército grego esperava pacientemente a noite cair para saquear e destruir a cidade. Os troianos, aliviados com o fim da guerra e exultantes pela sua aparente vitória, celebram e se embriagam enquanto guerreiros temperados por anos de guerra e com sede de vingança aguardam pacientemente. No cair da noite, eles se libertam do cavalo de madeira e começam a matança contra uma população desavisada. Os homens e as crianças são atravessados pela espada ainda em suas camas, as mulheres são violadas e levadas para se tornarem escravas de leito e domésticas, os bebês são atirados do alto das muralhas. A cidade é incendiada até o chão. Troia queima, seus heróis estão mortos, o rei é morto, a rainha escravizada, a população chacinada.

Menelau, sedento por vingança, se precipitou pelos corredores dos aposentos reais, pronto para saciar dez anos de ódio acumulado contra a mulher que o deixara – e, por isso, humilhado. Ao encontrar os aposentos de Helena e matar de um só golpe Dêifobo (irmão de Páris e terceiro marido de Helena),* Menelau avança até ela, com espada em punho, pronto para matá-la. Helena o aguardava e havia desnudado o seu peito, expondo o lugar onde o golpe fatal deveria recair. Menelau hesitou. Ele não se lembrava de que Helena era tão bela, ainda que dez anos mais velha, e que, ainda por cima, era sua por direito. Recolheu a espada, engoliu o orgulho e levou Helena consigo de volta para casa, onde ela voltou a

---

* Depois da morte de Páris, Helena foi brevemente casada com o seu irmão Dêifobo, tal como era o costume entre os troianos.

governar soberana. A força e o orgulho se curvaram perante o feitiço do poder e da beleza dela.

Os últimos episódios que conhecemos sobre a vida da bela Helena a envolvem em seu palácio, ouvindo as histórias de guerra de seus compatriotas, servindo vinho misturado com algum entorpecente (talvez ópio) para acalmá-los. Helena, ainda centro de grandes acontecimentos, é arrebatada em vida por Apolo, que a leva para viver com os imortais, uma vez que ela é filha de Zeus. Helena não morre, ela ascende viva aos céus. Algo que, muitos séculos depois, Jesus Cristo, filho de Deus, também fará.

> Pois a beleza de Helena foi instrumento dos deuses para que gregos e troianos se enfrentassem em guerra e as mortes se multiplicassem, para livrar a terra superpovoada de sua carga supérflua de mortalidade. Basta isso quanto a Helena. [...] Agora, pairando no espaço em direção à esfera estrelada, conduzirei Helena à mansão de Zeus, lá os homens a adorarão como deusa entronizada. Ao lado de Hera, Hebe e o grande Hércules. Lá ela com seus irmãos, filhos de Tíndaro, será adorada para sempre como o vinho servido, como rainha do Oceano para os marinheiros.[28]

Helena era excepcional não só pela beleza, mas pelo seu poder político e sua genealogia divina. Ela sacudiu o mundo de sua época (se levarmos em consideração que pôde ter existido uma rainha espartana da Idade do Bronze tardia), e sua presença no psiquismo, na memória, na mitologia, na religião e na cultura ocidental é inequívoca. No fim de sua vida/narrativa, é arrebatada pelos deuses para viver com os imortais, uma vez que é filha de Zeus, e deixa Menelau à própria sorte: a sorte de um mortal. Amplamente conhecida pelos antigos gregos, "Seu amplo renome se estende por toda a terra",[29] e sua beleza, "que sobrepuja toda a humanidade",[30] fez a Grécia tomar as armas e levou a Tênedos mil navios.* Além de fama e uma origem aristocrática e divina – era filha de Zeus –, Helena adquiriu, ora mais ora menos, notoriedade sombria ou luminosa. Próximo do que depois chamaríamos de *femme fatale*, a espartana compartilha, e talvez inaugure, a pecha de "rameira desavergonhada",[31] "cadela traiçoeira",[32] a que "somente dá à luz filhas mulheres",[33] "a meretriz"[34] que tanto perseguiu mulheres ao longo da história, a ponto de ser responsabilizada pela inimizade entre Ocidente e Oriente e acusada de assassina de heróis.**

Helena é dúbia, múltipla, polifônica e polissêmica. Sua lembrança evoca ambivalência. É virtuosa e viciosa, boa e má, rainha e princesa, grega e troiana, mortal e imortal. Ela tem dois pais (Zeus e Tíndaro), dois maridos (Menelau e Páris), duas nacionalidades (grega e troiana), dois títulos (rainha e princesa). Ela própria é duas: Helena e Afrodite. Depois de sua morte, é provável que tenha sido considerada uma

---

* Foi esta face que lançou mil navios ao mar,/ queimou de Troia as altas torres? (A Trágica História do Doutor Fausto, de Christopher Marlowe).

** "a divina linhagem de varões heróis, esses chamados/ semideuses,/ a estirpe anterior sobre a terra sem-fim./ Destruíram-lhes guerra e danosa e prélio terrível,/ a uns sob Tebas sete-portões, na terra cadmeia,/ ao combaterem pelos rebanhos de Édipo,/ a outras, nas naus, sobre o grande abismo do mar,/ levando a Troia por conta de Helena belas tranças." (HESÍODO. Os trabalhos e os dias. Tradução de Christian Werner. pp. 41-4. São Paulo: Hedra, 2022).

entidade menor e adorada por moças espartanas, curiosamente na ocasião do matrimônio. Acredita-se que as jovens espartanas adoravam árvores consagradas à áurea Helena, buscando assim pegar emprestado algo de sua beleza e habilidade de sedução, algo do seu poder erótico.

O culto às árvores como fontes de fertilidade (e, por isso, também sexualidade e sedução, já que estamos falando do mesmo princípio da vida e da geração) não era estranho ao mundo antigo. Ainda que Helena esteja mais fortemente associada à sedução e ao erotismo do que à fertilidade da terra e dos corpos e da procriação e nutrição (assim como Afrodite), decerto ela é remanescente de deusas da fertilidade mais antigas. Tal qual a própria Afrodite, que toma como amante o deus Ares (o deus da guerra) e que, em Esparta, era chamada de Afrodite Areia (Afrodite da guerra ou Afrodite guerreira), Helena, como fonte da vida, na sua sombra, também personifica os poderes da morte.

Possivelmente Helena também foi adorada como rainha dos oceanos e protetora dos marinheiros, sendo identificada como a estrela Vênus (ou Dalva) no céu, a estrela que orienta os navegantes. Não deve passar despercebido que Vênus é o nome romano para a deusa Afrodite e que Helena, tendo personificado os poderes de Afrodite na terra, também foi identificada com a deusa, sendo reconhecida como a imagem de Afrodite, irmã de Afrodite ou Afrodite estrangeira. A estrela Vênus, em diversas tradições, também foi chamada de estrela da manhã e da noite, vespertina e matutina e, antes de Afrodite, fora identificada com deusa suméria Inanna, com a acádia Ishtar, com a canaanita Aserá (Astarte) e com a cabalística Shekinah. A estrela da manhã também foi identificada como Lúcifer, o anjo caído, ou o demônio, na cultura cristã.

Helena foi uma terrível *femme fatale*? Uma mulher decaída, corrompida e corruptora, uma grande sacerdotisa da deusa do amor e da beleza que personificava os seus poderes na terra como as antigas sacerdotisas faziam, ou era, ela mesma, uma antiga deusa da fertilidade em decadência em uma cultura cada vez mais voltada para o *ethos* da guerra?

Medeia e Helena são apenas alguns dos meus exemplos preferidos, mas poderíamos preencher uma enciclopédia inteira com mulheres sexualmente emancipadas repudiadas pela sociedade e com deusas das artes mágicas, do amor, da fertilidade e da sexualidade que são demonizadas ao longo do tempo. A liberdade, a sexualidade e o poder das mulheres – seja ele político, espiritual, intelectual ou reprodutivo – foram transformados em um sintoma de malignidade. Mulheres sedutoras com frequência, ainda hoje, são chamadas de sereias, seres tidos por diferentes culturas como monstruosidades femininas que, ora na forma de peixe, ora na de pássaro, desmembram e devoram homens, suas pobres vítimas indefesas. Já as mulheres que se apresentam firmemente na esfera pública são taxadas de loucas, histéricas ou histriônicas, alucinando um protagonismo social que não deveriam ter – o sonho de Cassandra. Todos esses elementos nos dão notícia de um mundo que desvaloriza as mulheres e tudo o que é associado ao feminino, ainda que essa associação se apresente com frequência sob a forma de uma construção social decadente e perigosa criada pelos próprios homens identificados com o patriarcado para nos subjugar.

Nesse sentido, é nosso dever histórico não só resistir à dominação patriarcal, mas também nos apropriarmos daquilo que foi deixado de fora no construto permitido de feminilidade e forjarmos nossa feminidade. Não é sobre rejeitar o que se costuma considerar "feminino", mas, conscientemente, desrespeitar uma dicotomia forçada pelo patriarcado entre "feminino" e "masculino" que nos excluem dos espaços de pensamento, liberdade e poder. Todos os espaços nos pertencem. Por tradição, podemos ser associadas à Lua, mas também somos solares; podemos ter sido vinculadas à dimensão emocional – e que ela seja reconhecida no seu enorme valor –, mas somos racionais, pensadoras e produtoras de conhecimento. Podemos reconhecer a importância do lar, da família, da esfera privada, mas também somos comunais, públicas, políticas e, antes de tudo, livres.

A dominação masculina no nosso mundo é flagrante e deve ser imediatamente combatida. Em *O mundo pertence aos machos*, Simone de Beauvoir afirma que, quando perguntadas sobre o que invejam nos homens, as mulheres respondem: a liberdade. Quando os homens são perguntados sobre o que invejam nas mulheres, a resposta é: nada.[*] Trata-se de um problema fundamental. Se as mulheres, tal como denuncia

---

[*] Existem versões mais contemporâneas dessa pergunta que circulam entre as pessoas interessadas pelas questões de gênero. Por exemplo, os homens, quando indagados sobre o que temem nas mulheres, dizem: "Tememos que elas riam de nós". As mulheres, quando perguntadas sobre o que temem nos homens, afirmam: "Tememos que nos matem".

Medeia, tal como contradiz Helena, são forçosamente empurradas para os papéis de gênero que lhes foram atribuídos – esposa, mãe, do lar –, por que, se questiona o ingênuo, estão tão infelizes? A resposta costuma ser: as mulheres, sendo frágeis, despreparadas e preciosas, ou, ao contrário, manipuladoras, perversas e indignas de confiança, devem ficar confinadas ao lar. Isso porque a vida retirada na esfera doméstica, por uma lado, controla os piores impulsos femininos e/ou protege e ampara as donzelas em apuros. Uma vez protegidas, dos outros (em geral, dos homens) ou de si mesmas, deveriam sentir-se felizes. Beauvoir, porém, aponta que a questão não deveria incidir sobre o índice de felicidade, mas, sim, de liberdade. Ainda que muitas se digam felizes dentro desses estereótipos de gênero, poucas concordariam que são livres.[35]

A experiência da pandemia vivida pela humanidade em escala global, principalmente no primeiro ano, em 2020, deixou uma contradição fundamental da nossa civilização bastante exposta. Por um lado, uma vez em que o lar se transformou no lugar exclusivo da experiência humana, tornou-se manifesta a enormidade de sua importância. Pessoas que passaram pelo primeiro ano da pandemia confinadas em espaços minúsculos, com pouca circulação de ar, sem acesso ao céu e ao sol, adoeceram psiquicamente. Indivíduos que já viviam em situação de precariedade habitacional e higiênica foram os primeiros a adoecer e a morrer. O lar, lugar de confinamento das mulheres por séculos, tornou-se o lugar de confinamento de todos, e todos experimentaram, talvez pela primeira vez na história humana, os adoecimentos psíquico e emocional de viver privado de liberdade, de rede afetiva, da vida comunitária, da esfera pública e da natureza. Na mesma medida que ficou evidente a enorme importância do lar e da sua boa manutenção, nunca a rua foi tão desejada assim, e a importância de sair – e como diz Medeia, "libertar o coração do desgosto" –, é questão de direito e saúde mental. Se, tal como a retórica patriarcal afirma, o confinamento feminino no lar – cuja versão contemporânea é a sobrecarga física e mental das mulheres com as funções domésticas, o cuidado dos filhos e o trabalho – é para proteger as mulheres, como explicar que, durante a pandemia, os casos de feminicídio aumentaram?[36] A resposta está estampada em plena luz do diz para todos verem: as mulheres ficaram confinadas em casa com os seus agressores.

É hora de mudar essa história. Para isso, precisamos recontar a história pela nossa perspectiva, pelo nosso protagonismo.

Se a mulher é o outro da história e a narrativa histórica não é contada da perspectiva das mulheres, é imperativo buscá-las nas frestas daquilo que os documentos históricos falharam em retratar, ou quando ainda nem mesmo existiam: nas tragédias, nos textos sagrados, nas mitologias, na poesia, no folclore, nas lendas e na arte. Devemos lembrar que as imagens arquetípicas das mulheres na produção textual e de pensamento não são unificadas, tampouco dogmáticas, transmitindo múltiplos retratos do feminino. Há muitas brechas nas narrativas, muitas versões diferentes de cada história, muitas maneiras de contá-las. Não à toa, poetas e escritoras que escreveram sobre mulheres, deusas e heroínas dão voz a mulheres, multiplicando o esforço de repensar as histórias fundadoras do nosso psiquismo.

Frequentemente, minhas alunas perguntam: "Sempre foi assim? Será que sempre fomos oprimidas, desde a mais remota Antiguidade? Será que é da natureza humana hierarquizar as relações entre homens e mulheres?". Minha resposta é categórica: não! Nem sempre foi assim, e essa não é a natureza humana. E complemento: tem sido assim e a humanidade é capaz disso, mas essa não é a única narrativa que precisamos produzir acerca de nós mesmos, nem a única experiência que tivemos enquanto humanidade.

No início da minha trajetória intelectual, ainda na graduação em filosofia, me interessei profundamente por filosofia antiga, o que me levou a estudar a cultura grega. Meus estudos, então, acabaram me conduzindo ao universo da mitologia e, quanto mais eu lia e me aprofundava sobre figuras como Helena e Medeia, mais evidente me parecia que suas famas decaíam ao longo do tempo. Quanto mais eu voltava para o passado longínquo de suas lendas, e retratava suas histórias até as últimas fontes possíveis, esgotando as mais longínquas especulações, mais me parecia claro que são personagens remanescentes de outras culturas, anteriores à grega, e que, um dia, gozaram não só de renome, mas de prestígio e respeito. Nesse caminho de perseguição a versões cada vez mais antigas dos mitos, em que as mulheres pareciam cada vez mais amadas e poderosas, fez-me manifesta a necessidade do estudo não só da Antiguidade, mas também daquilo que é chamado de pré-história e que Marija Gimbutas, uma antropóloga cujo trabalho foi de imensa contribuição para as reflexões presentes neste livro, denominou de maneira mais valorosa de a "civilização da Deusa".[37]

O HUMANO COMO SER DE GUERRA

Aristóteles, um dos maiores filósofos da Grécia Antiga, nas suas investigações, buscou entender o cerne da natureza humana e propôs algumas definições possíveis para o animal humano. Entre elas, as mais famosas são: o ser humano é um animal racional e o ser humano é um animal político. Outras definições foram propostas ao longo da história, com base nas mais variadas perspectivas: o ser humano é um ser moral, um ser que trabalha, um ser que acumula, e por aí vai.

Uma leitura bastante tradicional acerca da natureza humana que nos foi oferecida pela antropologia na Modernidade defende a seguinte hipótese: o ser humano é um ser que produz técnica ou tecnologia, no seu sentido amplo. Em outras palavras, o que nos diferencia do restante do mundo animal, segundo essa perspectiva, seria a nossa capacidade de intervir na natureza e transformá-la – junto da nossa experiência – a partir de algum aparato ou ferramenta, utilizados a serviço de nossa intenção criadora e criativa.

O marco zero da história do animal humano como um ser de técnica seria a domesticação do fogo, por meio do qual foi possível submeter os materiais dos mais diversos tipos à intenção humana: primeiro o barro e a madeira; mais adiante, os metais. Também foi a partir daí que nos tornamos aptos a cozinhar os alimentos – o que representou um salto gigantesco para a humanidade, pois facilitou a digestão, aumentou exponencialmente a capacidade de consumir calorias e logo desencadeou um rápido desenvolvimento do cérebro e de outros processos evolutivos.

Ademais, o manejo sobre o fogo nos permitiu criar múltiplas ferramentas e artefatos: vasos, cumbucas, cerâmicas e, é claro, armas, como arco e flecha, lanças, espadas e facões. A criação e utilização de armamentos – que também poderiam ser usados para caça e agricultura (assim como o arco e a flecha foram para a caça; a foice, para a agricultura) – foram entendidos como fundamentais nas práticas de defesa contra outros grupos humanos hostis. Nessa linha, portanto, a história da humanidade nasce da criação de práticas elaboradas de guerra.

A partir daí, a história do ser humano tornou-se análoga à história da técnica e do desenvolvimento dos armamentos – uma história que se inicia no arco e flecha, passa pelas espadas de ferro, depois pelas armas de fogo até chegar às tecnologias das bombas nucleares. Por essa perspectiva tão difundida sobre a grande característica que separa a humanidade do restante do mundo animal, sugere-se que o ser humano não apenas é um ser técnico, mas um ser de guerra.

Contudo, ainda que o avanço na área do desenvolvimento tecnológico seja de fato um marcador diferenciador da humanidade, é preciso questionar se a ciência e a tecnologia precisam necessariamente servir aos mestres da guerra. Ademais, temos de nos perguntar o que designa o termo "tecnologia" e a quem ele serve. Será que técnicas ancestrais de preservação e manutenção dos recursos naturais não deveriam ser valorizadas por nós como tecnologias importantes, por exemplo?

É necessário entender que, quando falamos em história e natureza humanas, estamos disputando narrativas e existem outras maneiras de nos compreendermos. Em última análise, há diferentes formas de desenhar o que nos define. Ao associarmos a história da humanidade à guerra, criamos uma narrativa perigosa acerca de nós mesmos. Isso porque nos vinculamos de tal modo às práticas de dominação e violência – muitas vezes, sistematizadas por um estado patriarcal, misógino e racista – que as elevamos ao estatuto de expressão última da natureza humana. Na filosofia moderna, por exemplo, foi amplamente aceita a ideia de que o homem é o próprio predador e animal persecutório de outros homens, que é violento contra seus iguais, além de centralizador e dominador. Esse tipo de perspectiva endossa certa ideia de que a natureza é, simbólica e objetivamente, violenta, inconstante, inconfiável, e deve ser controlada, transcendida e submetida.

Nesse sentido, se a lei natural é a lei do mais forte, internalizar violência parece coerente. Dominar pela força e pela técnica seria útil e garantidor da vida. Nessa lógica, até a função do polegar opositor foi cooptada por essa narrativa: há anos, afirma-se que nossa "superioridade" é por, diferentemente de outros animais, sermos capazes de segurar ferramentas. Mais significativo ainda: além de nos defendermos de predadores, lutamos uns com os outros, com as ferramentas que seguramos com nossos polegares opositores; afinal, somos os predadores de nós mesmos.

Parece-me importante destacar o quão problemática é essa maneira de perceber a condição humana e a natureza em sua totalidade. A consolidação de um *ethos* guerreiro, ou seja, da guerra como função estruturante dos Estados, e da sistematização das práticas de violência e dominação, possui diversas raízes. Contudo, é preciso perceber que a ideia de um homem, investido na posição de senhor – da natureza, da família, dos recursos etc. –, pressupõe uma hierarquização de base, uma separação. Nesse contexto, se o homem – enquanto humano e gênero masculino – é o senhor do mundo natural, ele pode, como todo senhor faz, gozar, usufruir, descartar e destruir sua propriedade. Isso também coloca a natureza como um ente separado da humanidade, com frequência tido como inferior, comumente um recurso, uma *commodity* pronta para ser usada.

Sendo ele separado dessa mesma natureza sob a qual exerce domínio, segue-se uma intensa exploração e abuso do corpo da terra. Sendo ele chefe de sua família, e não parte do organismo, assim como os outros membros, sua relação também se consolida de forma hierárquica, preservando o estatuto de *páter-famílias*. Assim, membros da família também se tornaram recursos disponíveis ao desejo do pai. Sendo ele o chefe do Estado, e não célula que o componha enquanto um organismo, esse enorme abismo também se faz presente. A hierarquia proposta pelo patriarcado instaura o abuso como um problema sistêmico. Na forma de abuso da terra, podemos perceber que se trata da origem da imensa crise ambiental que a humanidade já está enfrentando e enfrentará de maneira muito violenta nos próximos anos.[38] Sob a forma de abuso dos corpos – misoginia, racismo, xenofobia etc. –, consolida-se uma enorme crise humanitária. Esse mesmo abuso na forma de funcionamento de Estado se revela como o totalitarismo, com as suas mais diversas faces e em todos os espectros políticos. Trata-se de uma lógica, de um sistema ideológico, que sustenta uma posição de dominância do homem em relação a todos os outros corpos deste planeta, inclusive o próprio planeta.

Se a história da técnica segundo a antropologia clássica é a história da humanidade, e se a história da humanidade é a história da guerra, estamos falando de uma narrativa que sustenta os afetos fundamentais que constituem essencialmente aquilo que se chama de história da cultura patriarcal: a violência e a dominância. Se a cultura patriarcal orienta seus modos de vida, formações sociais e relações com base na prática da coisificação, dominação e escravização dos corpos, é contra essa forma de organização que devemos nos rebelar.

É importante destacar que uso o termo "patriarcado" para designar uma estrutura de dominação que sustenta as nossas práticas político-sociais e o *ethos* da nossa civilização. Me parece perfeitamente possível uma desconstrução da famigerada masculinidade tóxica e a criação de outras formas de masculinidade ou funções paternais e de cuidados, assim como presença e potência dos homens na sociedade e na cultura, que não corroborem com a dominação patriarcal. Ainda que o patriarcado privilegie os homens, sobretudo aqueles dentro de certa raça e classe, não é equivocado dizer que o patriarcado configura um sofrimento coletivo e, como coletivo, atinge a todos nós.

O que o patriarcado e aqueles que o sustentam falharam em perceber é que a lógica da separação e da hierarquia é insustentável. Por mais que o homem alucine que seja senhor da natureza (e da família, e do Estado etc.), a natureza é um organismo, e o seu abuso gera um colapso coletivo. Para usar uma metáfora pedagógica: podemos pensar a natureza, ou o cosmos, como um corpo humano. Se um órgão para de funcionar, mais cedo ou mais tarde, o corpo inteiro adoece. Ainda que a natureza seja tratada como um "recurso", e explorada até a sua exaustão, ela é cíclica – e, sendo cíclica, tem tempos diversos. É impossível explorar infinitamente uma natureza finita, que precisa se recompor, descansar, se recuperar, assim como nós. A lógica produtivista, capitalista e meritocrática criou uma fantasia absurda também para os corpos e psiques humanos, e o resultado é palpável: transtorno de ansiedade generalizada, síndrome do pânico, depressão e burnout são as doenças do nosso século.

Veja só, não estou buscando substituir uma fantasia delirante por outra – não estamos buscando o Éden perdido. A vida, certamente, é dura para a maioria das pessoas deste planeta. Durante diversos períodos, a manutenção dos elementos básicos para a subsistência material, emocional e espiritual é bastante difícil e, às vezes, brutal. Raiva, fúria, frustração são parte da natureza humana. Sofrimento é parte da experiência humana. Contudo, devemos diferenciar afetos tristes de uma prática organizada de exclusão e dominação com o intuito de objetificar, violentar e submeter determinados corpos. E não me parece ser ao acaso que os perpetradores desse tipo de violência sejam as mulheres. Como disse Virginia Woolf, as mulheres não fazem a guerra, e nenhuma guerra foi empreendida e mobilizada por mulheres.[39]

Mulheres, camponeses e campesinos, populações ameríndias, entre outras, viveram milhares de anos neste mundo sem construir sistemas brutais de dominação. Para repensar a natureza humana e escrever uma história diferente, ainda que seja daqui em diante, é preciso, antes de tudo, repensarmos o que nos orienta em um sentido mais fundamental. O que atribui sentido às nossas existências precisa mesmo ser a guerra e suas múltiplas expressões?

A antropóloga Margaret Mead, a contrapelo da narrativa antropológica clássica, teria afirmado que o animal *Homo sapiens* não se tornou propriamente humano por causa, ou apenas, de sua competência técnica e capacidade de forjar ferramentas e armamentos. A condição humana foi conquistada quando o animal humano descobriu a função do cuidado e da coletividade. Dessa forma, talvez o cuidado e o vínculo sejam um sentido mais interessante para justificar as nossas existências.

Conta-se que, em uma ocasião, quando questionada por um aluno sobre qual seria o primeiro sinal de civilização de uma cultura, Mead teria respondido que foi um fêmur quebrado e cicatrizado. Ao quebrar um osso dessa dimensão, teria explicado ela, o indivíduo seria incapaz de se movimentar, buscar alimento ou fugir de predadores, o que acarretaria sua morte. Um fêmur quebrado e cicatrizado seria a evidência de que alguém fragilizado (logo sem utilidade prática imediata para seu grupo – ao contrário, pois causaria lentidão, demandaria esforços e recursos) foi cuidado por meses até se recuperar. Ou seja, um corpo que aparentemente não teria uma utilidade prática imediata segundo uma lógica utilitarista não foi desprezado, desamparado e abandonado, mas o contrário. "Ajudar alguém durante a adversidade é onde a civilização começa", teria afirmado Mead.[40] Caso a história seja verdadeira, Mead teria entendido que o que caracteriza a essência humana é a função do cuidado. A natureza humana, segundo a narrativa, é uma natureza voltada ao vínculo. Bem mais interessante, você não acha?

O historiador Yuval Noah Harari, autor do best-seller *Sapiens*,[41] conta uma história belíssima e importante sobre os primórdios da humanidade. Segundo ele, a humanidade se qualificou como tal quando aprendemos a contar histórias. Teria sido através da nossa prática comunal de nos reunirmos em torno de fogueiras primitivas que desenvolvemos a linguagem e nossa subjetividade.

Talvez seja importante fazermos um exercício de imaginação neste momento: pense nos nossos ancestrais, ou talvez em si mesmo, vivendo em um mundo tão diferente que parece quase outro planeta. As luzes das estrelas na noite são incandescentes, é possível ver a Via Láctea, o mundo é inteiro natureza. Não existe luz elétrica, sinal de internet, prédios – nada desse tipo. Você está sentado em volta de uma enorme fogueira acesa com pessoas que conhece durante a sua vida inteira. São os seus pais, a sua família, os seus amigos, os seus amores e amantes. Você é uma pessoa. Uma pessoa pré-histórica, mas, ainda assim, uma pessoa. Alguém que você amava morreu: sua mãe, um amigo, um avô, um amor. Em volta da fogueira, com os seus, com pessoas em quem confia, você conta sobre o dia em que foram tomar banho em um riacho perto do acampamento, muitos anos atrás, e como encontraram, em um trecho do riacho, um jato de água que parecia sair quente de dentro da terra e como aquele dia havia sido mágico. Voltando lá, anos depois, mesmo sabendo que a pessoa em questão estava morta, você poderia jurar que escutara a sua voz no vento. Que interessante foi sentir a presença daquela pessoa, que belo momento.

Segundo Harari, no começo da aventura humana pela linguagem, o desenvolvimento das estruturas narrativas deve ter sido simples. É possível terem sido sinais primitivos cuja função era alertar sobre predadores e urgências relativas à sobrevivência. Com o tempo, as estruturas da linguagem foram se desenvolvendo, ganhando mais fôlego e sofisticação, e sendo aplicadas a uma construção simbólica de outra natureza.

Conforme fomos desenvolvendo nossa subjetividade e linguagem a ponto de termos sido capazes de falar sobre pessoas que não estavam presentes – seja por terem falecido, seja por estarem simplesmente ausentes –, também aperfeiçoamos nossa capacidade de contar histórias. Falar sobre alguém ausente denota uma forte estrutura simbólica e a presença da nossa capacidade de memória. Uma vez que pessoas que existiam apenas nas nossas lembranças se tornam personagens das nossas narrativas, a humanidade dá um salto qualitativo gigantesco em termos de inteligência e imaginação. O culto aos ancestrais mortos, com o culto à Grande Deusa, foi uma das formas mais antigas de expressão espiritual da humanidade.

A imaginação humana é mágica e competente – e, mais do que isso: é um recurso de sobrevivência e uma vantagem evolutiva. Ou talvez, naqueles tempos, estivéssemos de alguma forma mais sensíveis a outras forças universais. No entanto, independentemente de ser uma lindíssima criação fruto da nossa imaginação ou uma conexão com outra dimensão da realidade, começamos a contar histórias sobre os ancestrais mortos, sobre criaturas que nunca vimos, que talvez não existam; histórias fantásticas sobre o sobrenatural, deuses e forças que regem e personificam este mundo, as potências que governam a natureza e até os afetos humanos. Ao nos reunirmos em torno do fogo primitivo, dentro de uma organização comunitária, nos moldamos com base em nossa capacidade de contar os mais variados tipos de história – e de ouvi-las.

Então, perceba como essas explicações sobre o que é humanidade diferem enormemente da narrativa patriarcal clássica. Segundo essa perspectiva, nos entendermos como criaturas comunitárias, empáticas, imaginativas, cuidadoras e contadoras de histórias transforma tudo. Essa mudança paradigmática instaura em nós uma percepção diferente sobre o nosso passado e a nossa natureza. Essas propostas de entendimento da condição humana representam um contraponto fundamental, uma leitura alternativa sobre a nossa identidade, ao contrário da identificação com a guerra e com os heróis guerreiros propostos por uma cultura apoiada no afeto da dominação.

Tendo isso em vista, não seria mais interessante, neste momento de crise ambiental e humanitária, resgatarmos uma ideia de humanidade integrada ao resto do mundo natural? Talvez outra compreensão sobre nós mesmos seja exatamente aquilo de que precisamos para criar outro mundo possível.

CAPÍTULO 2

A CIVILIZAÇÃO DA DEUSA

Para falar da pré-história, precisamos discutir o que entendemos por história. Não pretendo fazer uma investigação extensa sobre o assunto, uma vez que já falamos bastante sobre isso no primeiro capítulo, mas basta abrir uma porta por meio dos seguintes questionamentos: A quem serve – a que projeto de poder, a qual sistema ideológico – a condenação ao esquecimento de milênios de experiência humana? A quem chamam de bárbaro, animal, irracional? Que tipo de razão se considera soberana e condena outros pensares, visões de mundo e modos de vida? E por que temos tanto medo de nossa condição animal?

Costumeiramente, chamamos de história um tipo de desenvolvimento social e uma concepção de mundo específica que surge com a criação do Estado, do poder centralizado, das organizações militares e dos registros escritos – processo que não aconteceu do dia para a noite, tampouco em todos os lugares ao mesmo tempo. E essa narrativa possui cerca de cinco mil anos, uma pequena fração da vida humana que coincide com a formação e gradual consolidação do sistema patriarcal. Ou seja, o que é considerado história da civilização é a história do patriarcado.

Nesse recorte, a pré-história costuma ser retratada como um momento em que a humanidade quase não se reconhece como humana. É um período, de muitas formas, relegado ao esquecimento e que desprezamos ou minimizamos, pois é anterior à história. O currículo básico da educação costuma ignorar a pré-história. E quando ela é tema das discussões em sala de aula, é sempre por um viés ultrapassado, enviesado e estereotipado que é, por sua vez, corroborado pela indústria cultural. Por isso, faz-se curioso que encerramos justo aí uma compreensão brutalizada e animalizada do ser humano, o que sugere uma vontade de alheamento de parte da memória humana. Ou talvez denote um projeto de exclusão e apagamento de outros modos de nos relacionarmos uns com os outros, com outras formas de vida, com nosso planeta.

Ao nomear quarenta mil anos a.e.c. de pré-história, usamos a linguagem e a força dos símbolos para corroborar um entendimento específico de mundo. A maneira como nomeamos as coisas importa. E, no nosso currículo básico de estudos, não damos a devida atenção àquilo que cada vez mais, no nosso imaginário, ganha os contornos estereotipados de "Idade da Pedra". Um estereótipo falacioso que condena os povos antigos do nosso mundo a um lugar bem menos virtuoso do que mereciam.

Na "pré-história", vivemos como nômades, caçadores-coletores, em sistemas agricultores harmonizados com os ciclos naturais, com culturas pacíficas, onde* o protagonismo das mulheres e crianças não era incomum, a vida era considerada sagrada no geral; este era o seio de civilizações matriarcais.

Quando não olhamos, investigamos e entendemos a história dos povos neolíticos e paleolíticos como nossa, fazemos uma escolha ideológica: nos desvinculamos da trajetória de povos matriarcais que, assim como os indígenas e tantos outros, não destruíram a terra para garantir seu sustento.

Não desejo fomentar uma busca por um mundo idílico, mas apenas apontar para a necessidade urgente de produzir outro modo de vida que não destrua a nós nem a nossa capacidade de viver neste planeta. Estudar o matriarcado é estudar sobre a possibilidade real de produção de outros modos de vida que não se baseiam em dominação e exploração.

Pensando nisso, prefiro utilizar a alternativa ao termo pré-história concebida por Marija Gimbutas: matrística.** Ou, por meio de uma perspectiva mais fortemente apoiada na expressão espiritual e psíquica, a "civilização da Deusa", mais conhecida como matriarcado.

Ao enquadrar os cerca de quarenta mil anos de civilização matrística na pré-história, a cultura ocidental produz um

---

* Parece um equívoco falar em "onde", já que esse termo designa um tempo, não um local. No entanto, a verdade é que a pré-história é um lugar perdido, exilado e esquecido que devemos urgentemente recuperar.

** Alternativa ao termo "matriarcado", que, talvez num processo análogo ao feminismo, foi associado a um patriarcado às avessas, a uma dominação da mulher sobre o homem – o que nos comprova novamente que a cultura patriarcal só consegue produzir afetos e pensamento a partir da ideia de dominação e não concebe outros modos de vidas possíveis.

efeito real, não só discursivo ou simbólico. É importante observarmos as imagens, narrativas e histórias produzidas pela nossa cultura sobre a condição humana na chamada pré-história. Pense nos desenhos animados da sua infância. São produções, em geral, estereotipadas, em que os personagens quase sempre estão sujos, desgrenhados, comunicando-se precariamente. Não há nenhuma menção ao matriarcado, ao culto à Grande Deusa nem a sociedades pacíficas e organizadas de maneira comunal, conforme os ciclos da natureza, as estações do ano, a abundância nutricional propiciada pela agricultura etc.

Parece-me conveniente relatar que a humanidade, certa vez, dormiu incivilizada e "pré-histórica" para, então, acordar na aurora do mundo antigo, com arquitetura, linguagem, arte, cultura, política, tudo de uma só vez. Se as condições reais da existência da humanidade "pré-histórica" são as responsáveis pela geração da cultura antiga, suas produções grandiosas foram gestadas pelos seus ancestrais pré-históricos. O que quero dizer de maneira bem clara é o seguinte: as pessoas não foram dormir na pré-história em cavernas emporcalhadas e se comunicando através de urros e grunhidos (tal como a cultura pop nos faz crer) e acordaram no dia seguinte com alfabetos sistematizados, poemas épicos e construções arquitetonicamente sofísticas. Alguém gestou o conhecimento que nasceu no mundo antigo.

Os estudos contemporâneos de arqueologia e antropologia cada vez mais nos revelam que as sociedades pré-históricas – sobretudo a matrística – eram muito mais sofisticadas, interessantes, evoluídas, socialmente valorosas e comunitariamente virtuosas do que imaginamos.* Conforme aponta o filósofo Friedrich Engels:

> Uma das ideias mais absurdas que nos transmitiu a filosofia do século XVIII é a de que na origem da sociedade a mulher foi escrava do homem. [...] As mulheres constituíam a grande força dentro dos clãs (*gens*) e, mesmo, em todos os lugares. Elas não vacilavam, quando a ocasião exigia, em destruir um chefe e rebaixá-lo à condição de mero guerreiro. A economia doméstica comunista, em que a maioria das mulheres, se não a totalidade, é de uma mesma *gens*, ao passo que os homens pertencem a outras *gens* diferentes, é a base efetiva daquela preponderância de mulheres que, nos tempos primitivos, esteve difundida por toda parte.[1]

O que essas culturas antigas podem nos ensinar sobre igualdade, comunidade, equanimidade, protagonismo feminino? É um pouco disso que desejo trazer com o resgate da história do matriarcado, da matrística, das culturas matrifocais e matriarcais. O que proponho nesta investigação é nos perguntarmos: Por que confinamos essas culturas ao esquecimento? Por que as excluímos da história humana? Por que a história é só aquela das civilizações patriarcais?

---

* É na pré-história e nas culturas nativas resistentes até hoje (indígenas, de matriz africana etc.) que podemos encontrar as maiores referências do que é entendido, tanto pela antropologia quanto pela arqueologia, como aquilo que normalmente se denomina matriarcado. Exploraremos mais adiante essas terminologias: o que é matriarcado, a matrística, a matrifocalidade. Tudo isso será discriminado como nosso objeto de estudo.

AS MUITAS VÊNUS

Há mais ou menos quarenta mil anos a.e.c., começam a surgir estátuas que retratam corpos humanos, na sua maioria femininos. Elas podem representar muitas coisas diferentes: objeto de culto; objeto de desejo; padrão estético; uma espécie de "autorretrato" de mulheres, frequentemente grávidas; entre outras possibilidades. Entendidas por muitos estudiosos[2] também como expressões espirituais, elas são, no meu entendimento, o retrato de algo bastante importante do psiquismo da humanidade naquele momento: o protagonismo dos corpos das mulheres e o culto a uma Grande Deusa.

Se levarmos em consideração que não há registros escritos do Paleolítico, Mesolítico e Neolítico, essas estátuas, as pinturas nas cavernas, variados tipos de cerâmica e, em alguns casos, tumbas funerárias, são as nossas fontes mais valiosas sobre a condição humana, produção psíquica e – por que não? – produção de pensamento dos humanos do passado. Assim, não pode passar despercebida a abundância da representação de uma compleição física específica, que, em sua maioria, eram corpos que denomino aqui de corpos fêmea, em uma tentativa de separar gênero como construto social de formação orgânica dos corpos e sexos. Esses corpos costumavam ser grandes, abundantes, com seios fartos, quadris avantajados e barrigas salientes, possivelmente corpos gordos ou gestantes. Não me parece coincidência, portanto, que até hoje nos refiramos a essas esculturas como estatuetas de Vênus.

Quem é Vênus? Ela é a deusa romana vinculada ao amor, à sedução e à fertilidade, assim como um planeta do sistema solar – para os astrólogos, é o planeta do amor; para os astrônomos, um planeta com gases ultratóxicos e hostis à vida. Contudo, em culturas mais antigas, como a grega, ela era conhecida como Afrodite, deusa do amor, que também protagoniza narrativas de guerra, uma vez que foi uma das responsáveis pelos antecedentes mitológicos que desembocaram na Guerra de Troia. Em Esparta, cidade-estado grega, Afrodite era chamada de Areia, epíteto que fazia referência ao deus da guerra e seu amante, Ares, e à própria qualidade de guerreira e precipitadora da guerra. Podemos pensar que Afrodite era deusa do amor e da guerra.

Na cultura babilônica, a deusa que personificava as qualidades do amor e, curiosamente, também da guerra era Ishtar, associada ao planeta que hoje chamamos de Vênus. Na cultura canaanita, a deusa do amor foi denominada Astarte ou Aserá. Na cultura suméria, a deusa associada à estrela que conhecemos como Vênus, ao amor e ao poder político, era Inanna.

Vênus, Afrodite, Ishtar, Astarte, Inanna são alguns dos muitos nomes da Deusa. Todas elas encarnaram mais ou menos os mesmos atributos: o amor, a beleza, a sedução, a fertilidade (dos corpos e da terra), o erotismo, o sexo, a nutrição e, às vezes, a guerra. A ausência da guerra como traço distintivo, assim como a ausência do que consideramos erotismo, é o que difere as estatuetas das antigas Vênus "pré-históricas" delas, pois são deusas da fertilidade no seu sentido mais amplo: seus corpos abundantes simbolizam fartura nutricional e reprodução da vida. E é essa uma das mais antigas representações que a humanidade fez de si mesma. É a nossa mitologia fundacional, nosso ponto de partida e, por isso, muito mais importante do que se fez acreditar.

O mitólogo norte-americano Joseph Campbell[3] diz que a preponderância do corpo feminino se dava pelo fato de os corpos femininos serem entendidos como corpos que encerram e personificam a magia natural. Trata-se de corpos que carregam em si todos os ciclos da natureza. No ciclo de um corpo feminino, seria possível ver algo equivalente às estações do ano. Mensalmente, uma mulher experimenta primavera, verão, outono e inverno. Na ocasião da gestação, o corpo feminino era entendido, por muito tempo, como o único responsável pela geração da vida.* Nesse sentido, parafraseando Platão,[4] no que concerne à natureza, a mulher imitou a terra. Daí a antiga associação entre as mulheres e a terra – e, por consequência, a Deusa e a terra: para quase todas as culturas antigas, e no pensamento mágico, espiritual, religioso e mitológico mais antigo, a terra tem corpo de mulher e a divindade terra costuma ser uma deusa. Desse modo, quando observamos, analisamos e imaginamos a história dessas estatuetas, dessas representações artísticas, psíquicas e sociais, estamos testemunhando a história de uma relação da humanidade com a vida, a terra e o funcionamento do

---

* É possível que por muito tempo tenha-se desconhecido que a reprodução estava vinculada à atividade sexual. Uma vez que a sexualidade era livre e não existia controle dos corpos e monogamia compulsória, acreditava-se que as mulheres gerassem espontaneamente, tal como a terra. Ou, talvez, que fossem fertilizadas pelos elementos da natureza. Depois, com a domesticação dos animais, estabeleceu-se relação entre o ato sexual e a reprodução.

cosmos em geral, fenômeno que prefiro chamar poeticamente de dança cósmica.*

Isso é evidente nas Vênus, entre as quais a mais antiga de que temos notícia data de cerca de quarenta mil anos. Essas estatuetas das antigas deusas foram produzidas por muitos milênios – com destaque para a mais famosa, a Vênus de Willendorf, reproduzida até hoje entre os artistas –, e nos transmitem algumas mensagens. Primeiro, é óbvio que comunica a fertilidade dos corpos femininos, como já discutimos. Por um lado, corroborando com a análise de Campbell, se há uma magia natural do corpo da mulher que gera a vida e, pelo menos em um primeiro momento, parece ser a responsável soberana por essa potência, por outro, a fertilidade é uma experiência humana universal, já que todos necessitam se nutrir.

Durante o Paleolítico e parte do Mesolítico, a humanidade é entendida como composta, majoritariamente, de coletores nômades e caçadores de pequenos animais. Como coletores, dependíamos das ofertas espontâneas de alimento que a terra tinha para nos oferecer. Quando, a partir da revolução neolítica entre nove e dez mil anos a.e.c., começamos a desenvolver a agricultura e nos sedentarizar, e nossa nutrição passou a depender de uma relação muito bem ajustada entre os assentamentos humanos, as estações do ano e os ciclos da natureza. Mais uma vez, a nutrição e a fertilidade, dos corpos e das terras, andavam de mãos dadas.

---

* Por muito tempo usei a expressão "economia cósmica" para designar certo funcionamento ordenado do cosmos. No entanto, de economistas já estamos fartos, e falta no mundo a beleza das dançarinas e dos dançarinos; daí a opção pela expressão "dança cósmica".

É muito comum que, no contexto das representações produzidas pelo que chamamos de religião primitiva, seja recorrente o protagonismo de uma divindade que origina toda a vida; uma Deusa Mãe que é, ao mesmo tempo, uma deusa terra. Em culturas posteriores, podemos observar essas divindades aparecendo como Pachamama, Gaia, Deméter e as múltiplas formas da mãe terra. Nesse sentido, toda cultura tem a sua Grande Deusa, a sua Senhora da Fertilidade.

Um bom exemplo dessa expressão arquetípica é a deusa Gaia. Sua história começa como tantas outras narrativas de criação ou surgimento do cosmos e da vida: no início, havia o caos. Gaia, a deusa terra, junto de alguns outros deuses da primeira geração divina, emergiu do Caos espontaneamente, gerou sozinha e pariu Urano, o deus céu, seu filho e amante. No começo, Gaia e Urano viviam núpcias apaixonadas, e não havia espaço entre eles – céu e terra estavam misturados, desabados um sobre o outro. A união deles era fértil e muitos filhos foram concebidos por Gaia. Contudo, uma vez que Urano, nos seus amplexos violentamente apaixonados, se recusava a se retirar de sobre o corpo de sua mãe e amante, Gaia passou a nutrir um desejo de separação em relação ao deus. Ela desejava se livrar do consorte e, com isso, parir os filhos que estavam encarcerados nas entranhas de seu corpo. Associando-se a um de seus filhos não nascidos, o deus Cronos, Gaia forja uma espécie de foice dentada e Cronos, se apropriando do objeto, castra o pai. Assustado, Urano afasta-se de Gaia – o que explica a separação entre o céu e a terra. O órgão genital de Urano, ainda ejaculando, cai no mar (o deus Pontos) e desse encontro nasce a deusa Afrodite. Uma vez livre do peso de Urano, Gaia dá à luz as mais variadas divindades.

Gaia, nessa história, é a Deusa Mãe por excelência – é a que dá à luz os deuses, é o corpo da terra, e personifica tanto o planeta como corpo celeste quanto a terra em sua capacidade fertilizadora. Em um primeiro momento, conforme fica evidente no mito, Gaia gera sozinha, denotando o aspecto inato do princípio de fertilidade e geração. Gaia, como Grande Mãe, precede e origina Urano, que se tornará o primeiro Grande Pai. Esse encontro entre o deus e a deusa, que poderia ter sido pacífico, rapidamente se torna violento, uma vez que Urano se impõe sobre Gaia contra a sua vontade. Essa primeira violência gera todas as outras. O tema do patricídio (assassinato do pai) e da castração divina estruturou o psiquismo ocidental de tal forma que se tornou objeto de estudo da psicanálise.

Urano será substituído por Cronos, que castra e destrona seu pai, tomando para si o título de Grande Pai. Cronos, contudo, desejando manter o poder, se sente ameaçado com o nascimento de seus filhos e suas filhas, o que o leva a devorar todos para garantir que nunca seria destronado. No entanto, o destino é poderoso e Zeus, escapando do fado que seus irmãos e irmás tiverem, cresce escondido e volta para enfrentar o pai, tornando-se então, depois de uma intensa batalha, o senhor dos deuses – o Grande Pai.

A religião grega antiga não era monoteísta, portanto Zeus não é o único deus, mas decerto ele era o deus mais importante, o que centralizava os poderes. Nas culturas cuja divindade maior é um homem, a Deusa, quando viva, ainda sob a forma de fragmento ou aspecto, torna-se uma parte de Deus, uma face dele – como filha, esposa, amante –, contudo sempre subordinada a ele. Ou ainda como sua mãe, a quem muitos procuram quando abandonados ou desamparados. Em contrapartida, também figura como sua inimiga, para posteriormente ser destruída, como a deusa babilônica Tiamate, ou esquecida, como tantas já foram.

Sempre quando ensino sobre esse assunto, me lembro do prólogo do primeiro livro da série *As brumas de Avalon*. No trecho que transcrevo a seguir, Morgana, uma personagem lendária meio fada e meio feiticeira, que ganha voz pelas mãos de Marion Zimmer Bradley, discorre sobre a própria vida e a mudança de status da Deusa no advento e na propagação do cristianismo na Europa:

> Em meu tempo, fui chamada de muitas coisas: irmã, amante, sacerdotisa, sábia, rainha. Na verdade, eu me tornei, sim, uma sábia, e pode chegar um tempo em que estas coisas devam ser conhecidas. Mas, sinceramente, acredito que serão os cristãos a contarem a última história. Cada vez mais o mundo das fadas se afasta do mundo sobre o qual o Cristo estende seus domínios. Não tenho desavenças com o Cristo, apenas com seus padres, que chamam a Grande Deusa de demônio e negam que ela tenha um dia sido poderosa neste mundo. Na melhor das hipóteses, dizem que o poder dela vinha de Satã. Ou a vestem com o manto azul da Nossa Senhora de Nazaré, que de fato

teve poder, à sua maneira, e dizem até que era uma virgem. Mas o que sabe uma virgem a respeito dos sofrimentos e das labutas da humanidade?

E agora que o mundo mudou, e Artur, meu irmão, meu amante, rei que foi e rei que será, jaz morto (o povo diz que ele dorme) na Ilha Sagrada de Avalon, a história deve ser contada como o era antes que os padres do Cristo Branco viessem e cobrissem tudo com seus santos e suas lendas.

Pois, como eu disse, o mundo em si mudou. Houve um tempo em que um viajante, se tivesse a disposição e soubesse uns poucos segredos, poderia sair com sua barcaça pelo mar do Verão e chegar não à Glastonbury dos monges, mas à Ilha Sagrada de Avalon, uma vez que naquele tempo os portões entre os mundos flutuavam dentro das brumas e se abriam, um para o outro, conforme o pensamento e o desejo do viajante. Pois este é o grande segredo, que era conhecido por todos os homens instruídos de nossos dias: o pensamento do homem cria o mundo que o cerca, um mundo novo a cada dia.

E agora os padres, acreditando que isso interfere no poder do seu Deus, que criou o mundo de uma vez por todas para ser imutável, fecharam essas portas (que nunca foram portas, a não ser na mente dos homens), e o caminho leva apenas à Ilha dos Padres, que eles protegem com o som dos seus sinos de igreja, afastando todos os pensamentos de outro mundo na escuridão. De fato, eles dizem que esse outro mundo, se de fato existe, é propriedade de Satã: o portal para o inferno, se não o próprio inferno.

Não sei o que o Deus deles pode ou não ter criado. Apesar do que dizem as lendas, eu nunca soube muito sobre seus padres e nunca vesti o negro de uma de suas freiras-escravas. Se as pessoas na corte de Artur em Camelot escolheram pensar isso de mim quando fui para lá (pois sempre preferi os mantos negros que a Grande Mãe usa em seu traje de sábia), eu não as desenganei. E, de fato, perto do fim do reinado de Artur, seria perigoso fazê-lo, e baixei a cabeça à conveniência, como jamais teria feito minha grande mestra: Viviane, Senhora do Lago, um dia a maior amiga de Artur depois de mim, e mais tarde sua pior inimiga – mas também nisso superada por mim.

Mas a luta terminou; pude acolher Artur, por fim, quando ele estava à beira da morte, não como meu inimigo e inimigo da Deusa, mas apenas como meu irmão e como um moribundo precisando da ajuda da Mãe, para onde todos os homens por fim se voltam. Até mesmo os padres sabem disso, com sua Maria sempre-virgem em seu manto azul; pois ela também se torna a Mãe do Mundo na hora da morte.[5]

Sempre me arrepio ao ler esse trecho. Morgana é uma das minhas personagens favoritas da mitologia celta e das lendas arturianas, em que aparece como uma sacerdotisa de Avalon e meia-irmã do rei Artur. Em algumas versões, ela é treinada pela fada Viviane, filha da deusa Diana e responsável por dar a espada Excalibur a Artur, a se tornar a nova Senhora do Lago e alta sacerdotisa de Avalon. Ela também teria dado à luz um filho de Artur, que, mais tarde, tornou-se seu inimigo. Em seu pequeno prólogo, há informações importantes sobre o culto à Grande Deusa. Se a Grande Deusa é a Mãe do Mundo, a Senhora da Vida, mas também é cíclica – uma vez que o próprio funcionamento da natureza se dá em ciclos, como as estações do ano –, então ela é da mesma forma a Senhora da Morte. E se a religião primitiva se compreende como parte de uma metamorfose cósmica, a Grande Deusa necessariamente pertencerá a essa grande dança, pois encarna esses processos de transformação, que se dão no seu corpo de mulher.

Os símbolos correspondentes a uma divindade cíclica, senhora das estações, da vida e da morte, da noite e do dia, são encontrados também nos corpos celestes e no reino animal. A Lua, que também possui muitas formas – crescente, cheia, minguante, nova –, influencia as marés e se torna, ao longo do tempo, um grande símbolo da deusa, da fertilidade dos campos e da fertilidade dos corpos das mulheres, sendo associada, até hoje, ao ciclo menstrual. A Lua também foi um marcador importante do tempo, e o calendário da maior parte dos povos da Antiguidade é lunar. No reino animal, a serpente, que troca de pele sem se aniquilar e expele uma substância que pode ser remédio ou veneno, também se torna símbolo das religiões matriarcais e será, depois, fortemente associada às bruxas e feiticeiras. Me parece bastante sintomático que tanto a Lua quanto a serpente, assim como outros signos associados ao feminino e ao matriarcado, vão se tornar, ao longo das eras, símbolos do mal.*

---

* O touro e o bode, por exemplo, ficaram fortemente associados à Deusa e ao matriarcado, uma vez que foram usados como animais de auxílio na agricultura. Foram identificadas, na antiga ilha de Creta, imagens da Deusa dando à luz bucrânios. A cornucópia – chifres de bodes recheados de frutos e alimentos da

No mito de criação pelasgo, Eurínome, a Grande Deusa e senhora de todas as coisas, surge do Caos de modo espontâneo. Desejando apoiar-se e descansar em algum lugar, ela organiza o caos e separa o mar do céu; e, nua, dança sobre o movimento das ondas, orgulhosa de seu trabalho. Dançando, ela se apodera de uma corrente de vento e, friccionando-se nele, faz surgir uma enorme serpente: Ofíon. Juntas, Eurínome e Ofíon se tornam o princípio da criação. Eurínome, na forma de uma pomba, coloca um enorme ovo e Ofíon enrola-se em torno do ovo sete vezes, para protegê-lo e chocá-lo. Do ovo, nascem os astros, as montanhas, os rios, as plantas, os seres vivos e tudo o que existe. Eurínome e Ofíon viviam bem, até a enorme serpente passar a reivindicar para si, exclusivamente, a criação do cosmos. Revoltada, Eurínome esmaga-lhe a cabeça com o seu calcanhar e a condena a viver nas entranhas da terra.

Os paralelos entre o mito de criação pelasgo e o mito de criação do Gênesis são muitos. Yahweh, assim como Eurínome, separa "as águas de cima das águas de baixo" (Gênesis 1:6-7), ou seja, o céu do mar. Ambos, ainda que sejam os criadores da vida, não antecedem o caos (ou a escuridão) e o mar, que são elementos presentes desde antes da criação. A presença de uma cobra parceira da deusa que depois se torna sua inimiga também não deve passar despercebida, uma vez que Yahweh, ao expulsar Adão e Eva do paraíso e proferir a sua

---

terra – por muito tempo foi símbolo da fertilidade e abundância. No contexto da cultura cristã, os chifres dos touros e os bodes em geral foram associados à figura do diabo. No Gênesis, a serpente é a grande corruptora da mulher e a responsável pela expulsão do paraíso. A Lua foi e é fortemente associada às práticas de magia e bruxaria.

célebre maldição, condena a serpente a se voltar contra Eva e a lhe morder o calcanhar, enquanto ordenava Eva a se voltar contra a serpente, esmagando sua cabeça com uma pedra. Talvez, colocar medo e hostilidade entre mulheres e serpentes seja um dos mais antigos registros do afastamento das mulheres em relação ao imaginário simbólico da Grande Deusa.*

Na ocasião da expulsão da humanidade do Éden, Deus disse:

[...] "Porque fizeste isso
és maldita entre todos os animais domésticos
e todas as feras selvagens.
Caminharás sobre teu ventre
e comerás poeira
todos os dias de tua vida.
Porei hostilidade entre ti e a mulher,
entre tua linhagem e a linhagem dela.
Ela te esmagará a cabeça
e tu lhe ferirás o calcanhar."

À mulher ele disse:
"Multiplicarei as dores de tuas gravidezes,
na dor darás à luz filhos.
Teu desejo te impelirá ao teu marido
e ele te dominará."
Ao homem, ele disse:

---
* "Porei hostilidade entre ti e a mulher, entre tua linhagem e a linhagem dela. Ela te esmagará a cabeça e tu lhe ferirás o calcanhar" (Gênesis 3:15).

"Porque escutaste a voz de tua mulher
e comeste da árvore que eu te proibira comer,
maldito é o solo por causa de ti!
Com sofrimentos dele te nutrirás
todos os dias de tua vida.
Ele produzirá para ti espinhos e cardos,
e comerás a erva dos campos.
Com o suor de teu rosto
comerás teu pão
até que retornes ao solo,
pois dele foste tirado.
Pois tu és pó
e ao pó tornarás."*

"PAZ PRIMITIVA"

Por volta do ano dez mil a.e.c., algo acontece com o clima do planeta que vai transformar completamente a experiência humana sobre a Terra. O fim de uma longa era glacial, um natural aquecimento global e o surgimento de enormes áreas cultiváveis, com temperatura amena, conduzem a um fenômeno conhecido como Revolução Neolítica. A mudança no clima precipita a condição a priori para o início da sedentarização da humanidade e o surgimento da agricultura, que, no terceiro milênio a.e.c., se estabelece como prática quase universal entre as comunidades humanas.

---
* Gênesis 3:14-20.

Com o aquecimento da crosta terrestre, o aumento do nível dos mares e uma série de alterações climáticas significativas, podemos vislumbrar a crescente habilidade de domesticação dos animais, cuja utilização passou a ter fins de cultivo. O bode e a vaca, por exemplo, tiveram ampla serventia no trabalho de tração e como facilitadores do processo de plantio. Não é coincidência que ambos tenham se tornado, nas comunidades neolíticas, animais aproximados do culto à Deusa, e seus chifres tenham sido símbolo de abundância de colheita e nutrição. É esse mesmo chifre que será, depois, associado à figura do diabo.

Essa mudança radical de modo de vida em diversas regiões do globo terrestre, entre múltiplas comunidades humanas, precipitou o eventual aparecimento das primeiras cidades neolíticas, ainda que não tenha sido um fenômeno uniforme no mundo inteiro – não se aplica à pré-história americana, subsaariana nem oceânica, assim como a regiões de climas extremos (áridas e glaciais), por não possibilitarem o cultivo regular.

Essas primeiras cidades eram compostas de grupos humanos sedentários vivendo em uma mesma terra por um período extenso. Por meio delas, surgiu a necessidade de criar um vínculo mais profundo com a terra e de observá-la mais de perto, pois o cultivo e, portanto, a nutrição dependia de uma percepção apurada das estações do ano. A prática de caça, sobretudo de animais de grande porte, foi se tornando secundária, e as pessoas dependiam cada vez mais e mais da cooperação do trabalho humano com a natureza típica das plantações. Assim, não foram apenas as práticas e os modos de nutrição que se transformaram significativamente, mas também o modo de organização social, com as formas de expressão psíquica e adoração espiritual.

Foi no seio dessas comunidades que o culto à Grande Deusa, a uma divindade que personifica e exemplifica a magia do mundo e a magia dos corpos femininos, das estações do ano e da própria agricultura, se consolidou como expressão espiritual dos povos. Ainda que o culto à Deusa já existisse há dezena de milhares de anos, no Neolítico ele se torna parte estruturante da formação das primeiras cidades.

Uma das cidades mais famosas, maiores e mais populosas do Neolítico foi Çatal Hüyük, que surgiu por volta do ano cinco mil a.e.c., no sul da Anatólia, atual Turquia. Lá, uma população sedentarizada vivia de forma organizada e pacífica. Sua arte e arquitetura revelam uma equanimidade social, com ênfase no protagonismo feminino. A grande divindade protetora de Çatal Hüyük era a deusa Potnia, conhecida como Senhora das Feras, cuja representação lembra muito as Vênus paleolíticas: é uma mulher grande e possivelmente grávida. O que diferencia Potnia das demais representações da Deusa são os seguintes elementos: ela está sentada em um trono e duas leoas ou panteras a escoltam. O trono pode designar dois significados diferentes e, é provável, ambos ao mesmo tempo: o sedentarismo como novo modo de vida – vivendo em uma terra de maneira fixa, e não como nômade – e também um símbolo de governo. A estátua da Deusa entronada parece comunicar que não só a autoridade espiritual, mas também política daquela comunidade pertencia à Grande Deusa.

A presença das feras nos lembra que, ainda que a Deusa habite agora em uma cidade, ela é intrinsecamente selvagem. Depois da deusa Potnia, outras divindades também foram representadas circundadas por feras e/ou entronadas, como a deusa suméria Inanna, a grega Ártemis e a romana Cibele.

Çatal Hüyük continua nos dando muitos testemunhos sobre essa possível matrística ou matriarcado pré-histórico. Contudo, essa cidade nos é mais interessante ainda não apenas por suas representações, sua expressão artística e espiritual, mas também pelo que não encontramos nela: lá não há representações de heróis guerreiros, homens armados, líderes militares. Não parece ter, na sua arquitetura, um espaço dedicado ao treinamento de exércitos ou qualquer coisa que evocasse uma prática de guerra. Acima de tudo, Çatal Hüyük não possui muralhas.

Poucos milênios depois, já no início da Idade dos Metais, quando a narrativa do herói guerreiro e as expedições militares ganharam protagonismo, as grandes cidades – como Çatal Hüyük – jamais poderiam deixar de ser fortificadas com vigor. Por exemplo, Troia, curiosamente também no sul da Anatólia, possuía "muralhas intransponíveis" que apenas os gregos, com a ajuda dos seus deuses, conseguiram conquistar. A presença das muralhas revela a realidade da vida daqueles que ali habitavam: uma cidade murada esperava ser atacada; apesar disso, era segura, pois protegia a população de ataques constantes. As cidades sem muralha do Neolítico denotam aquilo conhecido como "paz primitiva". A ausência de muros, fortificações, alojamentos militares e etc., aponta um modo de vida que não estava mergulhado na lógica da violência, do expansionismo territorial e da guerra. Significa, pura e simplesmente, que não havia a expectativa constante de um ataque de grandes proporções. Mais uma vez, lembro que não estou defendendo a ideia de uma realidade antiga que se configurava na forma de um paraíso idílico sem conflitos, e sim que não existia uma prática institucionalizada da guerra.

Çatal Hüyük é o maior símbolo do Neolítico de uma organização social possivelmente matriarcal. É nesse momento que se consolida o culto a uma Grande Deusa que, com seu corpo de mulher, também é o corpo da terra. A religião, a espiritualidade e o psiquismo humano voltado para essa divindade ganham protagonismo. Se a guerra é um afeto patriarcal, pois está vinculada ao acúmulo de propriedade privada, centralização de poder e dominação dos corpos, a deusa neolítica reina sobre um período e uma cidade conhecidos pela sua capacidade de funcionar pacificamente. Paz essa que não durará para sempre.

CAPÍTULO 3

A CRIAÇÃO DO PATRIARCADO

O que aconteceu na nossa história para haver uma guinada da cultura matriarcal para a patriarcal? O que será que houve para que a civilização passasse a seguir afetos bélicos e dominadores, construindo uma cultura guerreira, expansionista, territorialista, abusiva, escravocrata? Como, enquanto civilização, perdemos o matriarcado e o culto à Grande Deusa e deixamos de ser uma sociedade comunitarista?

Para entender como a cultura matriarcal sucumbiu para dar espaço a outros afetos, organizações sociais e expressões espirituais e artísticas, precisamos – através de narrativas normativas, concebidas pelo viés patriarcal – recuperar elementos que possibilitem uma reconstrução do matriarcado e da história das mulheres. Trata-se de um trabalho amazônico, para não dizer hercúleo.

Há duas explicações possíveis e me parece que ambas, de certa forma, corroboram uma construção do nosso entendimento da história, ainda que não de maneira absoluta

– até porque, por ser um fenômeno prévio ao nascimento da escrita, dele não temos tantos registros.* Vamos, portanto, tecer uma colcha de retalhos a partir da antropologia, arqueologia, sociologia, história da arte, das religiões, da cultura e da mitologia, além dos textos mitológicos posteriores que possam iluminar alguns segredos de um mundo mais antigo. É preciso fazer – apesar de num contexto diferente – aquilo que a filósofa francesa Barbara Cassin chamou de "paleontologia da perversão".[1]

A primeira delas é a hipótese internalista, segundo a qual o patriarcado foi um processo natural da humanidade em todas as suas expressões. Por essa perspectiva, o progresso contínuo humano teria nos conduzido ao desenvolvimento de habilidades técnicas, de ferramentas e armamentos, que, por sua vez, teriam nos colocado numa condição hierarquicamente superior às outras formas de vida. Assim, enquanto humanidade, nos investimos na posição de senhores da natureza.

É interessante perceber que esse sentimento mais ou menos precário de superioridade sustenta a ideia de que o patriarcado se desenvolveu naturalmente no psiquismo e nas organizações sociais humanas, justificando um suposto direito natural não só da humanidade, mas do gênero masculino sobre os demais corpos. Uma série de pensadores da modernidade, como Francis Bacon, Descartes e Kant, em algum momento da sua trajetória intelectual, expressam a ideia de

---

* Como mencionamos antes, existem outras maneiras de investigar o passado. Também é válido dizer que os escritos antigos normalmente refletem o pensamento e o modo de viver de uma elite aristocrática. Ainda assim, em decorrência dessa ausência, há menos registros do que haveria de outras épocas.

que o ser humano, de alguma forma, deve constranger e submeter a natureza a responder às suas questões.

Essa ideia se popularizou durante o Iluminismo, na modernidade, mas já estava em voga desde a Antiguidade. Tal supervalorização da razão humana com frequência localiza o homem como sujeito de pensamento por excelência e único sujeito histórico possível. Como o homem teria o direito de submeter tudo o que existe ao seu crivo, à sua investigação e ao seu usufruto indiscriminado? O vocabulário mobilizado pelo pensamento moderno para se referir à investigação da natureza frequentemente fala de força, constrangimento e até tortura, estabelecendo uma relação de dominação: o homem deveria estuprar a natureza, submetê-la à sua revelia.

Com o advento da modernidade industrial, assim como contemporâneo global, o mecanismo para a base da produção das riquezas sociais forjou-se sobre a exploração predatória dos recursos naturais. Se levarmos em consideração a crise ambiental contemporânea, podemos afirmar que a lógica que sustenta o patriarcado como fruto do desenvolvimento natural, interno, inerente a todos os povos gera um enorme problema:* a falsa separação e o alheamento em relação ao restante do mundo natural, e suas consequências suicidas.

---

* Importante notar que diferencio o patriarcado como fenômeno político-social de protagonismo masculino dentro de determinadas culturas por meio da proeminência da figura do *páter-famílias*. Diversas culturas consideradas patriarcais – por terem no pai de família o centro da vida social – não foram necessariamente responsáveis pela instauração do patriarcado político-social como ferramenta de dominação e violência coletiva. O fenômeno do patriarcado é muitíssimo completo e merece um extenso texto dedicado com exclusividade a ele para compreendê-lo melhor.

Se os teóricos desses valores – que viram na lógica patriarcal o patrimônio cultural e ideológico perfeito para consolidar seu plano de exploração – apostam no desenvolvimento da sociedade por meio de uma geração crescente e infinita de riquezas, eles esqueceram (ou preferiram ignorar) o fato de a terra ser finita, assim como os recursos naturais. Além disso, desprezaram uma sabedoria muito bem enraizada no cotidiano dos povos matriarcais: a terra não é uma coisa, um objeto a ser usufruído indiscriminadamente. A natureza está viva e é um organismo. Como todo ser vivo, ela possui seus ritmos e tempos e consegue suportar uma quantidade limitada de exploração e abuso.

A segunda perspectiva é a externalista, também chamada de hipótese Curgã ou de invasões indo-europeias. Iniciada como um estudo no campo da linguística, ela recorre à antropologia e à arqueologia, e ganhou bastante musculatura com base em estudos de genética. A teórica que propôs a hipótese das invasões indo-europeias foi a antropóloga Marija Gimbutas, mencionada anteriormente, segundo a qual o matriarcado (ou a matrística) é um fenômeno espiritual, religioso, psíquico, social, político, mas também geográfico e climático, pois se configura por meio da relação que certos povos que habitaram locais determinados desenvolveram com a terra e com os recursos materiais para a manutenção dos seus modos de vida.

Gimbutas localiza os seus esforços de pesquisa sobre a matrística na região que ela chama de "antiga Europa", que, por sua vez, abarcaria territórios caracterizados por uma natureza exuberante e clima ameno, com estações do ano marcadas, e por uma abundância de terras planas e cultiváveis. A partir do sexto ou quinto milênio a.e.c., esses povos teriam sofrido uma série de invasões frutos de expedições de exploração, que duraram milênios, de quem estamos chamando aqui de indo-europeus.

É importante saber que a denominação "indo-europeu" designa, na verdade, um tronco linguístico como o indo-ariano, iraniano, armênio, helênico, ítalo-celta, germânico e eslavo. Trata-se de povos oriundos da estepe da Rússia e da Ucrânia conhecidos por determinadas práticas de sepultamento dos mortos e criações em cerâmica. Sabe-se que viviam em lugares muito frios onde a prática da agricultura era penosa ao extremo; ou seja, não contavam com o cultivo da terra para a sua nutrição. A partir do quarto milênio a.e.c., domesticaram os cavalos e, por meio disso, conseguiram atravessar grandes distâncias e perseguir suas caças por muito tempo. Moviam-se sempre, percorriam muitos lugares, visitavam terras distantes e desenvolveram um crescente processo de expansionismo territorial.

Curiosamente, foram povos que desenvolveram uma expressão espiritual voltada para uma divindade masculina que criou uma estrutura cujo protagonismo foi dado à hierarquia divina. Com frequência, os deuses indo-europeus habitavam um reino celeste; e não faziam morada na terra, o que não é nenhuma surpresa: já que a natureza se mostrava infértil e hostil, a morada da divindade deveria ser celestial – ideia que, mais tarde, se mistura com o próprio conceito de metafísica (palavra grega que significa algo como "para além da natureza"). Surge, então, uma figura conhecida na nossa cultura: um deus que morava no céu, senhor de raios, trovões e tempestades, frequentemente caçador, guerreiro e que recebia oferendas de sangue.*

Em razão de um processo de natural aquecimento global e de crescente capacidade de locomoção, em determinado momento, essa gente guerreira passou a explorar outras regiões do planeta. Começaram a descer das regiões geladas em que habitavam e chegaram à antiga Europa, repleta de cidades matriarcais que, como devemos lembrar, não eram fortificadas e nem possuíam exército organizado.

Mais uma vez, talvez seja o caso de usarmos a nossa imaginação para dar vida a essa história que nos parece tão distante. Pense em um povo temperado pelo frio, pela precariedade nutricional, embrutecido pelas suas condições hostis de vida. Acostumada a passar longos períodos expostos ao capricho das mudanças climáticas, sentada nas costas de poderosos, e a perseguir animais de grande porte, essa gente guerreira chegou às belas planícies da antiga Europa, às margens de cidades como Çatal Hüyük, literalmente, com pele de mamute nas costas.

Supõe-se que, em um primeiro momento, tenha havido um gigantesco massacre: os indo-europeus teriam se apropriado dos campos e das terras férteis cultivadas e cultiváveis dessas cidades matriarcais neolíticas. Para isso, teriam matado os homens e as crianças. As mulheres foram violentadas, de modo que garantissem uma nova geração de filhos descendentes dos indo-europeus. O estupro colonial era uma prática

---

* Nessa formação psíquica, os deuses se alimentavam de sangue: as oferendas eram animais sacrificados em altares para agradar às divindades. O sangue simboliza aqui a força da vida animal e humana, uma vez que as ofertas de frutos da terra não pareciam uma opção tão fácil de adquirir.

comum entre os antigos, e seu objetivo era perpetuar não só a humilhação daqueles que haviam sido conquistados, mas garantir um povoamento geneticamente selecionado. O massacre das crianças nativas era incentivado, uma vez que poupá-las poderia significar deixar viver um futuro inimigo vingativo. Os filhos nascidos do estupro teriam uma dupla filiação e, sob a orientação da nova cultura, cresceriam conforme o esperado. Das mulheres e mães, esperava-se o cumprimento das funções reprodutivas e domésticas de modo pacífico, ainda que divididas pelo ódio que sentiam de seus dominadores e o amor que nutriam por seus filhos. Muitos mitos de origem de povos e cidades escondem a história de uma violação sistemática dos corpos das mulheres.*

Em um segundo momento, entende-se que o desejo de apropriação daquelas terras não se sustentava pelo objetivo de exploração absoluta, mas, sim, por uma espécie colonização de assentamento. Eles não saqueavam as cidades e partiam de volta para casa; preferiram ficar e viver naquelas terras. Gradualmente, a antiga Europa foi se tornando a casa dos indo-europeus, o que provocou um encontro de duas grandes culturas, duas grandes civilizações e dois grandes modos de vida. Esse encontro, em alguns lugares, segundo o que nos sugerem as narrativas sagradas, foi feliz por algum tempo; em outros, muito violento. Apesar de não termos documentos históricos, testemunhos, textos contando exatamente o que e como aconteceu, podemos recorrer às análises arqueológicas e

---

* Uma das histórias acerca da fundação de Roma nos conta que os romanos são descendentes de criminosos que raptaram e estupraram as mulheres sabinas, criando assim a primeira geração de romanos.

às narrativas sagradas e mitológicas para nos ajudar a entender o que pode ter acontecido.

O CASAMENTO SAGRADO OU O ESTUPRO DAS DEUSAS PELAS MITOLOGIAS DO MUNDO ANTIGO

No contexto das narrativas sagradas do início da Antiguidade, podemos observar o seguinte desenvolvimento, mais ou menos parecido com esta estrutura: a Grande Deusa, que reinava soberana, se casa; a figura de um Grande Deus, um marido, um consorte, um filho-herói ou de um pai começa a surgir (e esse filho heroico, que se torna um consorte e um Grande Pai, tem uma característica principal e quase universal: a de ser guerreiro); a partir da Idade dos Metais, as figuras do herói guerreiro e do Grande Pai celestial ganham imenso protagonismo e, gradualmente, o culto à deusa da fertilidade é substituído, ainda que esse processo não tenha se dado de maneira homogênea e organizada.

Para evidenciar os múltiplos funcionamentos deste processo, podemos fazer uma breve análise de culturas diferentes. Observamos certas narrativas acerca de divindades da Suméria, da Babilônia, da Grécia e de Canaã, passando por algumas das principais e mais antigas culturas consideradas fundadoras do que, depois, se entenderá como a cultura ocidental.*

---

* Note que isso é bastante complicado, já que diversos territórios mencionados acima se encontram no que chamados hoje de Oriente Médio.

Percorremos algumas dessas histórias. Várias delas abordam temas como o casamento da Deusa: o célebre casamento sagrado, ou hierogamia. Em algumas delas, a Deusa espontaneamente gera um filho, que será seu herói e, às vezes, seu consorte. Com frequência, o herói sai em alguma espécie de jornada e encontra alguma monstruosidade, que o mata; do seu sangue despejado na terra surge um alimento, uma medicina, uma árvore associada às forças da vida. Quando o herói retorna, ele renasce de alguma forma e se torna consorte, marcando o rito de iniciação. Em outras narrativas, como costuma aparecer na mitologia grega, o herói vence monstruosidades que encontra no caminho, cuja cabeça, pele ou objeto de poder leva para casa.

Ainda que essa estrutura fundamental se repita, há diferenças entre as culturas. Em algumas, o futuro consorte da Deusa é seu irmão – por exemplo, no caso de Inanna e Utu, análogos respectivamente à Lua, ou à estrela Vênus, e ao Sol; ou, ainda, Selena e Hélio, mais uma vez como Lua e Sol. De todas as maneiras, o homem passa a protagonizar as narrativas mitológicas – seja na condição de filho, de irmão ou marido – que o levarão a tornar-se o Grande Pai, eventualmente suprimindo por completo o culto à deusa da fertilidade.

Esse casamento cósmico, em alguns lugares, gerou uma relação harmoniosa e até interessante. Quando olhamos para a Suméria, por exemplo, por um momento a relação entre a deusa Inanna e o deus Dumuzi parece ser de potência mútua. Isso nos leva a entender que, talvez na antiga Suméria, seu casamento foi uma união interessante, pacífica, que associou duas culturas de maneira frutífera, ainda que por um período determinado.

Já quando olhamos para a Grécia, por exemplo, o grande deus grego Zeus é extremamente violento com o feminino. É um deus estuprador, infiel à sua consorte cósmica o tempo inteiro. De alguma forma, ele representa uma relação violenta e de dominação entre essas duas culturas, apesar de simbolizar a justiça no imaginário grego. Os casos extraconjugais, as amantes punidas ou mortas, as crianças semidivinas e fantásticas e a violência sexual costumam ser relatados em suas aventuras e de outros deuses gregos.

Ao analisarmos a cultura canaanita com o auxílio dos textos ugaríticos e da Bíblia hebraica, também podemos identificar um encontro diferenciado entre as divindades dos povos semitas com os povos matriarcais e o desenvolvimento de outra história. Nos textos ugaríticos, é possível observar a presença das deusas até seus ocasionais protagonismos, ainda que os grandes deuses de Canaá tenham sido El e Baal. Contudo, quando falamos de narrativa hebraica, a Deusa está simplesmente ausente. O que acontece é que há uma interiorização do divino feminino pela figura de Yawveh na forma de Aserá, que será compreendida no misticismo judaico como a parte feminina ou maternal de Deus. Dessa forma, o divino feminino não se transforma em objeto de abuso sexual de Deus, mas como parte interiorizada, ainda que sem existência própria.

Cada povo, em cada lugar e em cada tempo, vai ter sua própria história sobre o encontro dessas culturas e o casamento da Deusa: algumas interessantes e potentes; outras terríveis; muitas delas, tão fascinantes quanto terríveis. Com isso, observamos que, ao contrário da hipótese internalista, a externalista nos diz que povos diferentes, por causa de determinismos geográficos e climáticos, desenvolveram culturas, psiquismos e expressões espirituais diversas. E, em seu encontro, uma cultura foi violentada e forçosamente dominada por outra.

Vimos, então, como surgiu a figura divina associada à expressão espiritual ocidental: o Grande Pai, o Pai Celeste, Deus homem. E que isso não é fruto da natureza divina nem da nossa produção psíquica, mas de um processo histórico. A partir daqui, de maneira ampla, vamos analisar o desenvolvimento de algumas narrativas provenientes dos povos canaanitas, sumérios e gregos para recordar os tempos em que Deus era mulher.

Ambas as hipóteses nos ajudam a começar a entender o problema que estamos enfrentando. Minhas últimas pesquisas e reflexões têm me levado, a posteriori, a evitar o termo "patriarcado" para designar povos cujo protagonismo social e na esfera simbólica e religiosa fosse masculino. Tenho preferido chamá-los de "masculinistas", uma vez que o patriarcado não é exatamente um sistema mítico cujo protagonismo é masculino, mas uma estrutura político-social sustentada por uma ideologia de dominação. Desse modo, o patriarcado teria sido criado dentro do contexto da formação dos Estados, enquanto um sistema de dominação organizado; assim, a opção mais consistente seria compreendermos a dominação que os indo-europeus infringiram sobre os povos matriarcais da antiga Europa como um protopatriarcado.

ALGUNS EFEITOS COLATERAIS DA DOMINAÇÃO MASCULINA

No contexto de formações sociais, comunais e de família em que a sexualidade era livre – ou, pelo menos, bem mais livre do que se tornou nos milênios seguintes –, os laços das *gens* (tribos, clãs) era definido a partir da linhagem materna, ao que chamamos de matrilinearidade. O motivo disso é bastante evidente: se não há moralização ou enormes restrições concernentes à sexualidade e à expressão física, não haveria meios possíveis fora da exclusividade ou seletividade sexual de garantir a paternidade. Já a maternidade é evidente, uma vez que a criança literalmente sai do corpo da mãe. Desse modo, um dos efeitos colaterais que as invasões indo-europeias tiveram sobre os povos matriarcais, além da apropriação de suas terras, destruição de seu modo de vida e de parte da sua cultura, foi também a instauração da monogamia compulsória.

Se a terra, no contexto do matriarcado, não era uma coisa, e sim um ser (divino, ainda por cima), ela não poderia ser possuída por alguém. Desse modo, as terras eram comunais. Tal percepção sobre a natureza da terra não parecia ser compartilhada pelos indo-europeus, embora estes, evidentemente, reconhecessem o enorme valor dela. Ao se assentarem no novo lar, transformaram suas terras em bens, em propriedade; e, para protegê-la de outros clãs guerreiros, começaram a erguer fortificações. Um bem valioso como uma terra fértil era administrado pelo *páter-famílias* durante toda a sua vida – e este desejava, no advento de sua morte, passá-la ao seu filho. A única maneira que existia de garantir a linhagem de um homem e estabelecer a patrilinearidade era confinar o corpo de uma mulher à exclusividade sexual, ou seja, à monogamia compulsória.

Com as muralhas erguidas em volta de uma terra que foram um dia comunais, os muros ao redor dos corpos das mulheres também se ergueram. A lógica da proteção e do controle se aplicava a ambas. Também no início da criação do patriarcado, o corpo da mulher era análogo ao corpo da terra e compartilhava com ele o seu novo estatuto de coisa, de objeto, fértil e útil, mas disponível à vontade masculina.

A monogamia compulsória, a objetificação do corpo feminino como função social reprodutiva e o confinamento no espaço doméstico foram alguns dos efeitos colaterais da dominação masculina.

Xilogravura que representa a tríplice forma de Hécate. Na mitologia grega, Hécate é uma deusa tríplice, o que reflete diferentes aspectos de sua divindade. Ela é conhecida como Hécate do Céu, associada à Lua e ao divino; Hécate da Terra, ligada à vida terrena e mediação entre os reinos divinos e terrenos; e Hécate do Submundo, vinculada às sombras, à morte e ao renascimento. Esses três aspectos simbolizam a complexidade de Hécate e sua influência nos mundos celestial, terreno e subterrâneo, sendo venerada como guardiã das encruzilhadas em rituais mágicos. © akg-images/Album/Fotoarena

Inanna: Deusa suméria venerada pela fertilidade, pelo amor e pela justiça, frequentemente reconhecida como a Rainha da Noite ou associada à Lilith. Sua representação icônica ressalta sua complexidade, e é reverenciada por influenciar diversos aspectos da vida e da mitologia suméria, evocando solenidade e enigma. Nesse contexto, destaca-se seu aspecto de Rainha da Noite, uma escultura paleobabilônica datada, aproximadamente, de 1800-1750 a.e.c., atualmente parte do acervo do Museu Britânico, em Londres. ©Tolo Balaguer/Album/Fotoarena

Vênus de Laussel: Escultura paleolítica que representa uma figura feminina com uma mão sobre o abdômen, datada, aproximadamente, de 25 mil anos atrás. Descoberta em Laussel, na França, essa peça icônica simboliza a fertilidade e a conexão com a natureza. Atualmente, encontra-se em exposição no Museu da Aquitânia, em Bordeaux. ©Azoor Photo/Alamy/Fotoarena

Vênus de Willendorf: Estatueta pré-histórica que simboliza a fertilidade e a maternidade, exposta no Museu de História Natural de Viena. Estima-se ter sido criada por volta de 25.000 a.e.c. ©Erich Lessing/Album/Fotoarena

Vênus de Lespugue: Estatueta de marfim de mamute, parte do acervo do Museu do Homem de Paris. ©A. DAGLI ORTI/DEA/Album/Fotoarena

Deusa das serpentes de Conossos, Grécia: Representação icônica associada à cultura minoica, datada, aproximadamente, de 1700 a.e.c., simboliza a natureza, fertilidade e o culto às serpentes na antiga civilização de Creta. Estatueta significativa da arte e história minoica. ©Granger/Fotoarena

Medeia furiosa (1862) de Eugène Delacroix (1798-1863): A pintura retrata a figura trágica de Medeia em um estado de fúria. Nesta obra, o renomado artista francês representa Medeia, personagem da mitologia grega, envolta em intensas emoções, incluindo a presença dos filhos. A pintura captura a complexidade e a intensidade da história de Medeia, conhecida por seu papel na tragédia grega de vingança e amor. ©Erich Lessing/Album/Fotoarena

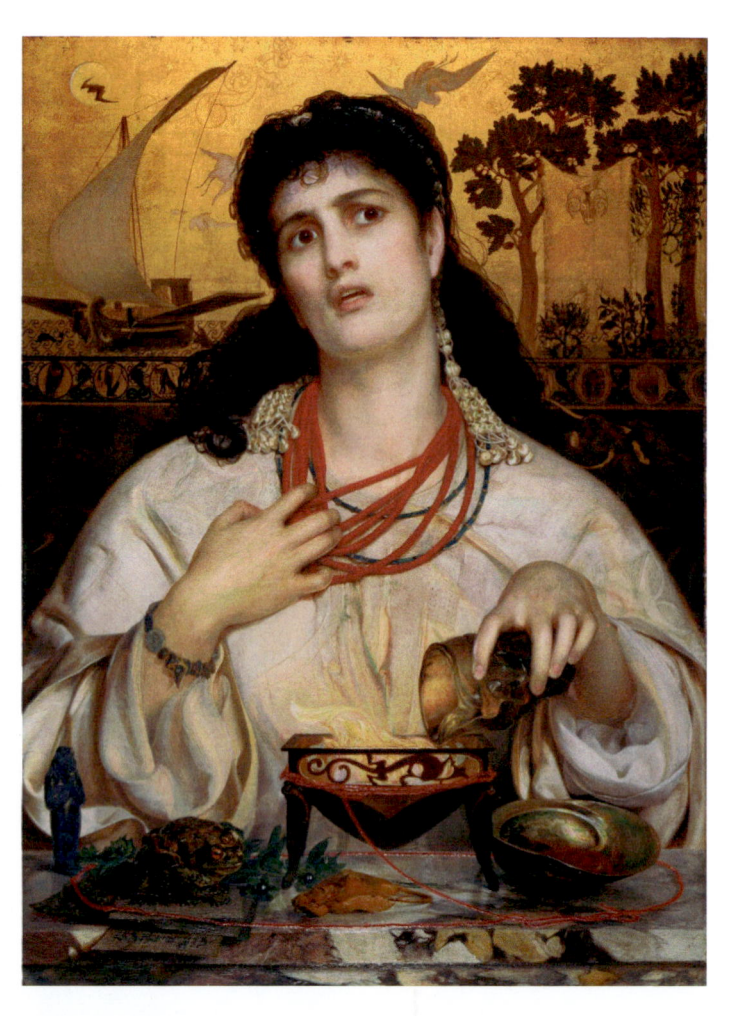

Medeia (1868) de Frederick Sandys (1798-1863): A pintura retrata a figura mítica de Medeia, conhecida por sua associação com a magia e a tragédia. A obra destaca Medeia em frente a um caldeirão, cercada por elementos alquímicos e mágicos, como ervas, poções e objetos ritualísticos. O artista captura a essência sombria e misteriosa da feiticeira Medeia, representando sua complexidade e conexão com a magia e os mistérios. ©Yogi Black/Alamy/Fotoarena

Nascimento de Vênus (1863) por Alexandre Cabanel (1823-1889): Esta obra neoclássica retrata Vênus emergindo das ondas do mar, rodeada pela suavidade das ondas e a brisa marinha. Vênus, a deusa da beleza, é retratada com graça e elegância, cercada por anjos, simbolizando a inocência. A composição destaca a figura feminina em sua perfeição, imersa na aura mística e serena do nascimento divino. ©Metropolitan Museum of Art, NY/Album/Fotoarena

O julgamento de Páris (1636) de Peter Paul Rubens (1577-1640): Na cena, Páris, coberto com a pele de um animal selvagem, é visto julgando a beleza das deusas Hera, Atena e Afrodite, que estão representadas nuas. Hermes, o mensageiro dos deuses, segura a maçã da discórdia (ou pomo da discórdia) no centro da cena. A decisão de Páris sobre qual deusa é a mais bela desencadeou uma série de eventos mitológicos, incluindo a Guerra de Troia. A pintura retrata o momento crucial do julgamento, simbolizando a escolha que moldou a narrativa da mitologia grega. ©Album/Fotoarena

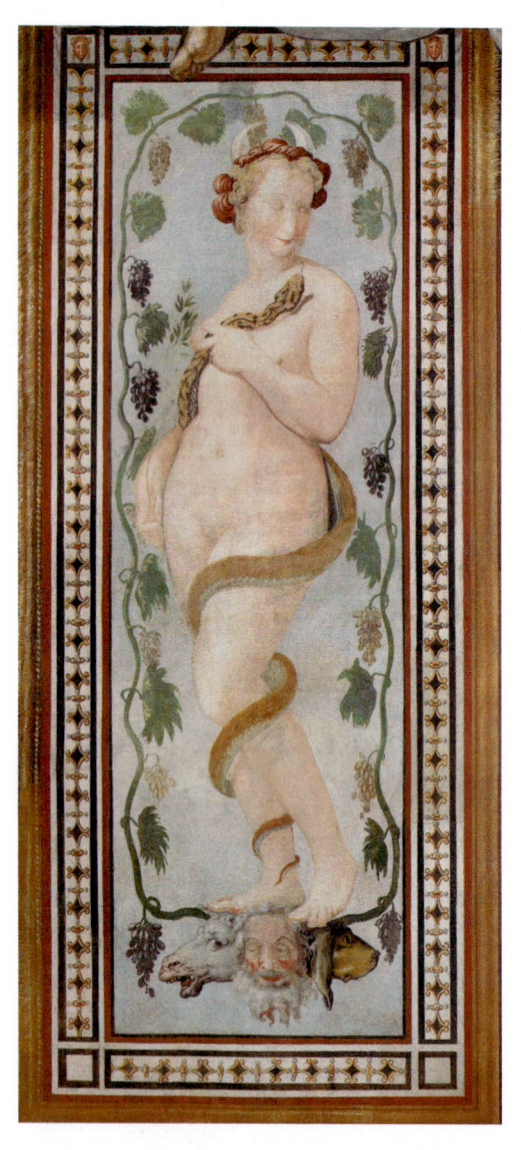

Hécate (1543-1545) de Francesco de' Rossi (1510-1563): A escultura retrata a deusa Hécate, com uma serpente envolvendo seu corpo, simbolizando sabedoria e transformação. As três cabeças (homem e animais) aos pés da deusa podem representar seus três aspectos ou os três mundos que ela habita. A presença da serpente evoca a ligação da deusa com tradições que centralizam divindades femininas e seu poder místico. ©Fine Art Images/Album/Fotoarena

Helena de Troia (1898) de Evelyn De Morgan (1855-1919): Nesta pintura, Helena é retratada com uma beleza deslumbrante, segurando um espelho que reflete sua própria imagem, com uma pequena Afrodite esculpida nele, destacando a conexão entre as duas deusas da beleza e do amor. O reflexo divino destaca a beleza, a sensualidade e a sedução de Helena. Ao redor dela, flores, pombas e a presença da água simbolizam a fertilidade, o erotismo e a jornada que a levou para Troia. A presença da lua ao fundo representa simbolicamente as forças psíquicas e espirituais femininas. ©akg-images/Album/Fotoarena

Os amores de Páris e Helena (1788) de Jacques-Louis David (1748-1825): A imagem denota uma relação amorosa consensual entre Helena e Páris, contrariando algumas narrativas de que a rainha de Esparta teria sido sequestrada forçosamente pelo príncipe troiano. ©J. E. BULLOZ/DEA/Album/Fotoarena

A primavera (1477-1482) de Sandro Botticelli (1445-1510): A obra retrata um grupo de figuras mitológicas em um jardim. Por meio da técnica de têmpera sobre madeira, Botticelli emprega luz, sombra e uma perspectiva de fundo realista na obra. No centro, Vênus, a deusa do amor, está acompanhada pelas Três Graças. Flora, deusa das flores, lança flores no chão, enquanto Zéfiro, deus do vento oeste, persegue Clóris, que se transforma em Flora. A pintura, com cores suaves e detalhes delicados, transmite uma atmosfera serena e equilibrada, simbolizando a chegada da primavera e a renovação da natureza. ©Album/Fotoarena

Jasão e Medeia (1907) de John William Waterhouse (1849-1917): Pintura a óleo que retrata Jasão empunhando uma lança enquanto Medeia segura uma poção, o que simboliza os poderes e habilidades atribuídos a cada um, assim como a diferença nas formas de lutar entre os sexos. A composição da pintura destaca a interação entre os dois personagens, enfatizando seus papéis e a dinâmica de poder na narrativa mitológica de Jasão e Medeia.
©Artepics/Alamy/Fotoarena

O nascimento de Vênus (1879) de William-Adolphe Bouguereau (1825-1905): A obra retrata a deusa Vênus emergindo das águas do mar em uma concha, imagem que simboliza a fertilidade e a criação. Inspirado pela famosa cena mitológica, a pintura captura a beleza e graça da deusa, com seus cabelos dourados e uma expressão serena. Vênus é cercada por seres aquáticos e anjos, criando uma atmosfera celestial e mágica que ressalta o simbolismo da água como elemento de purificação e renovação, e da concha como símbolo de fertilidade e nascimento. ©DEA PICTURE LIBRARY/Album/Fotoarena

Nascimento de Vênus (1485-1486) de Sandro Botticelli (1445-1510): A obra encontra-se atualmente na Galleria degli Uffizi, em Florença, Itália. A pintura retrata a deusa Vênus emergindo das águas sobre uma concha, símbolo da beleza e do nascimento. Vênus está em uma pose serena, com cabelos dourados. Ela é acompanhada por Zéfiro, o deus do vento oeste, e Flora, a deusa das flores. A composição é marcada por cores suaves, formas graciosas e elementos simbólicos, como as rosas e a brisa marinha. ©Album/Fotoarena e ©Rabatti – Domingie/akg-images/Album/Fotoarena

Circe oferecendo o cálice para Ulisses (1891) de John William Waterhouse (1849-1917): A pintura destaca Circe oferecendo um cálice para Ulisses, com elementos mágicos evidenciados. Circe está sentada em um trono esculpido, onde cada lado apresenta uma fera, fazendo referência à tradição de deusas magas que encarnam o título de "Senhora das Feras" desde a pré-história. O cálice, elemento central, simboliza a magia e o encantamento presentes na cena, enquanto o trono e os detalhes do ambiente reforçam a aura de mistério e poder que envolve a figura de Circe nesta representação.
©Pictures Now/Alamy/Fotoarena

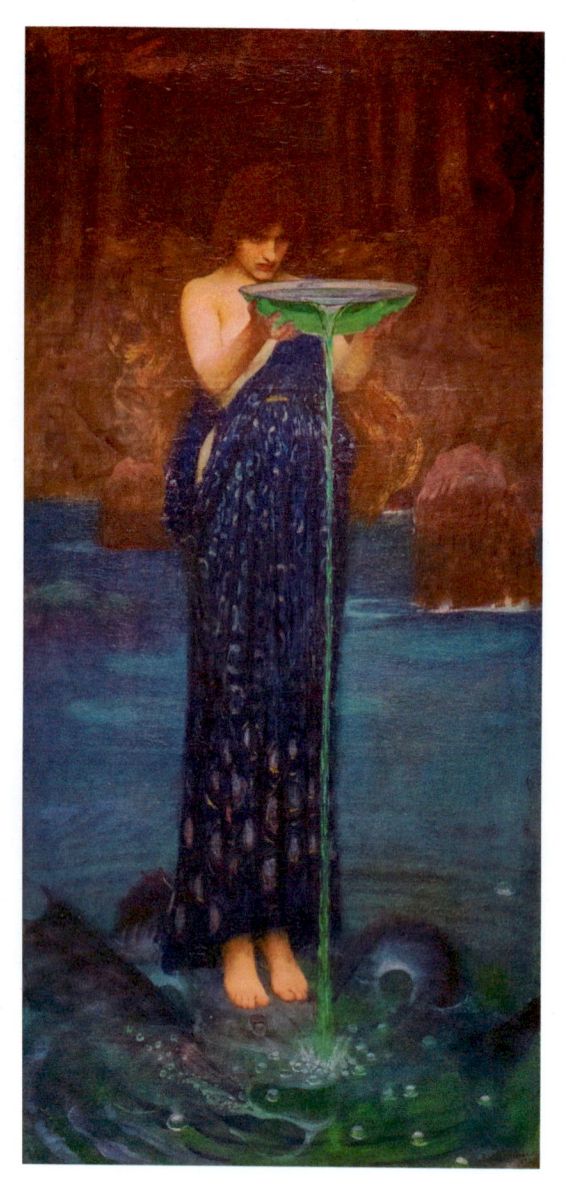

Circe Invidiosa (1892) também de Waterhouse: A pintura retrata Circe em um estado de inveja, simbolizado pelas águas abundantes e verdes que caem do cálice que ela segura, envolvendo seus pés e seu vestido azul. Esta representação destaca a complexidade da figura mítica de Circe, uma feiticeira poderosa da mitologia grega, cuja emoção de ciúme é artisticamente evidenciada. ©Giorgio Morara/Alamy/Fotoarena

CAPÍTULO 4

TUDO ESTÁ CHEIO DE DEUSES

Antes de continuarmos, é importante esclarecermos algumas nomenclaturas da história das religiões – e, mais ainda, do fenômeno espiritual e do sagrado na nossa cultura. Para início de conversa, vamos estabelecer certa linha do tempo que envolve um entendimento sobre como a humanidade criou a esfera do sagrado e se relacionou com ela.

Nos primórdios da história humana, havia algo chamado panteísmo,* que compreendia basicamente que todos os corpos naturais, em toda natureza, trazem algo do divino. Heráclito, filósofo grego da Antiguidade, expressa bem a ideia com a frase: "Tudo está cheio de deuses".[1] Isso significa que

---

* Para explicar mais ou menos o mesmo ideal, também podemos usar o termo animismo. E as disputas de significados entre eles me parecem irrelevantes, uma vez que panteísmo é algo como "tudo está cheio de deuses", e animismo significa algo como "tudo é animado" – o que completo aqui – "por uma força espiritual ou divina". Por algum motivo, o termo panteísmo ficou mais fortemente vinculado às culturas ocidentais, enquanto o animismo está relacionado às ameríndias.

as árvores, os bosques, as águas, os rios, os mares, os animais estão amalgamados no divino e, portanto, são sagrados.

Esse conceito implica certo entendimento de que os deuses são personificações das forças da natureza. Logo, podemos afirmar que, em algum momento no desenvolvimento da espiritualidade do Ocidente, o mundo natural era divino, sagrado e sacralizado. Com base nessa compreensão, começaram a se desenvolver determinadas divindades individuais, com personalidade própria, que vão de alguma forma proteger determinados espaços naturais. É dentro desse contexto que surgem os elementais, criaturas vinculadas aos elementos naturais – ar, fogo, água e terra. E, assim, desenvolveram-se figuras como ninfas, náiades, nereidas, sílfides.

Cada cultura teve suas divindades que personificavam as forças da natureza, o seu elemental. Algumas falaram de fadas, gnomos e duendes; outras, de espíritos guardiões, animais com poder, sátiros, silenos; e por aí vai. É importante lembrar, contudo, que não é necessária a personificação de entidades individuais para que um povo ou uma cultura seja qualificada como panteísta. A própria percepção de uma sacralidade que permeia a realidade e é intrínseca a ela já seria o suficiente. No entanto, é bastante comum que essa dimensão do sagrado ganhe a forma de deidades, divindades, espíritos ou animais mágicos. Nesse sentido, tudo é deus – daí a palavra panteísmo (do grego πᾶν, ou *pan*, que significa "totalidade, todas as coisas", e θεός, ou *theos*, que designa "deus").

Outro ponto importante é que essas divindades não são bem corpos naturais – ou, pelo menos, não precisam ser.

Em muitas culturas, as divindades que personificam as forças naturais não estão necessariamente amalgamadas aos elementos da natureza a ponto de se confundirem com eles, mas, de alguma maneira, a governam. Elas costumam ser antropomórficas, com corpos e personalidades humanas; por isso, regem esferas da experiência humana, como organizações sociais, estatais, partes da administração pública das cidades e das aglomerações humanas. Com o tempo, a ideia de unidade absoluta com o mundo natural foi se desfazendo para que o divino incorporasse afetos humanos, instituições políticas e públicas, subjetividades e abstrações, como justiça, vingança, morte, destino da alma pós-morte etc.

Os deuses, porventura, passaram a compor alguma forma de organização celeste, uma administração cósmica, normalmente hierarquizada. Então, não há mais um entendimento de que tudo seja sagrado, porque o mundo não é mais sagrado e, com frequência, a realidade é eivada de miséria, sofrimento e profanação. Os deuses passaram a personificar forças sagradas de um mundo imperfeito, sobre o qual governariam e cuja natureza perde a sacralidade.

Em geral, entendemos que o desenvolvimento natural, hierárquico e civilizacional do politeísmo desencadeia no monoteísmo, ordem religiosa em que há apenas um deus regente. Entre os dois, porém, esquecemos que houve o que gosto de chamar de monatria.* A partir do momento que os

---

* Neologismo que criei para designar um sistema intermediário entre o politeísmo e o monoteísmo em que, apesar da existência de muitos deuses, um deus é claramente a autoridade máxima e centraliza os poderes, como no caso da Grécia, Zeus.

deuses governam o cosmos, um deles se torna o protagonista; um deles vira rei, o grande administrador, o Grande Pai, o soberano. Trata-se de uma figura hierarquicamente superior de um panteão de deuses, com poder pátrio sobre os demais, como Zeus, na mitologia grega, e Marduque, na Babilônia – para citar alguns exemplos de culturas masculinistas.

Caminhou-se, então, para o monoteísmo (μόνος, ou *mónos*, "único" em grego), a concepção espiritual de que há um único Deus que governa o cosmos sozinho. Esse Deus é criador, soberano, onipotente, onipresente e onisciente, com poder absoluto e conhecimento irrestrito, inclusive, sobre a subjetividade e os pensamentos humanos – a questão da liberdade humana entra em pauta.* Nesse contexto, Deus teria acesso à nossa vida interior, aos nossos pensamentos, ao caminho do nosso coração. Ele sabe tudo, pode tudo e está em todos os lugares, ao mesmo tempo.

Quando há uma entrega absoluta na relação entre divindade e ser humano, com Deus tendo acesso irrestrito à subjetividade humana, o lugar da moralidade e da ética, do comportamento humano se transforma de modo drástico.

---

* Em círculos teológicos e filosóficos, há debates sobre a existência e a extensão do livre-arbítrio num mundo governado pelo Grande Pai onipresente, inclusive dentro da mente de cada um. Esses debates, porém, já apontam para a problematização de algo que, antes, não era uma questão para a humanidade: sua capacidade de tomar decisões deliberadas. Se os deuses influenciavam o comportamento humano, como Helena e Páris, não podemos dizer que eles deliberadamente escolheram seus destinos. Se Deus não decide por nós, mas conhece tudo o que pensamos e sentimos, nossa motivação ética já estaria corrompida. No contexto de uma discussão ética, questiona-se o valor de uma ação virtuosa se o objetivo dela é corrompido – por exemplo, fazer uma boa ação para aumentar as chances de adentrar no reino dos céus –; a teoria da graça também vai incidir sobre essa questão. E o debate é extenso.

Nas religiões politeístas, é possível negociar com as divindades, esconder coisas, revelar parcialmente suas intenções. Nesses casos, é até possível ter alguma divindade aliada e outra inimiga, esconder seu pensamento de um deus e revelar a outro. Ou seja, a dinâmica relacional da humanidade com as divindades é muito mais humanizada nesse sentido. Existiria um poder de permuta, retórica, persuasão, convencimento, sedução e a possibilidade de uma confiança conquistada que, por sua vez, também pode ser quebrada. No modelo monoteísta, porém, não há como esconder nada da figura divina, nem negociar com ela. É ela quem determina o que é certo e errado, ao mesmo tempo que sabe quem está transgredindo suas leis e, portanto, a quem cabe conferir castigos e punições.

Também é preciso entender que, no panteísmo, é possível transformar o mundo de maneira eficaz e eficiente com uma ação, por exemplo, um feitiço. É justamente a característica sagrada da natureza e dos elementos naturais que permite modificar a realidade. Contudo, no monoteísmo, apenas a bênção divina e a divindade criadora têm esse poder. Na transição do mundo da Grande Deusa para o Grande Pai o mundo deixa não só de ser sagrado, mas também mágico.

CAPÍTULO 5

A DEUSA DOS CÉUS E DA TERRA

A Suméria pode ser considerada a primeira civilização conforme a noção em sentido estrito de história.* Foi lá que surgiram as ciências da astronomia, os estudos astrológicos, os primeiros calendários conhecidos e também a primeira autoria. A civilização suméria, como uma das primeiras no mundo antigo, possui um riquíssimo retrato da condição de destaque da Deusa – que, naquele momento, sob a forma de Inanna, possuía imenso prestígio social.

Há mais ou menos quatro mil e trezentos anos, a pessoa mais importante de Ur, e talvez de Urque – cidades importantíssimas e centros de cultura e política na Antiguidade –, foi expulsa da antiga Suméria e condenada a vagar em exílio pelos desertos. O nome dela era Enheduana, alta sacerdotisa

---

* É claro que o título de primeira civilização é disputado – alguns acreditam ser a China ou a Índia. Ainda assim, há mais ou menos um consenso em torno da Suméria.

da deusa Inanna, filha do primeiro imperador da história, Sargão, o Grande (que havia sido chamado de "o Grande" muito tempo antes de Alexandre), e uma figura espiritual, cultural e politicamente importantíssima. Na época de sua expulsão, ela já havia escrito cerca de 42 hinos de honra aos deuses e três poemas épicos, entre os quais se destaca "A exaltação de Inanna" (um poema de 153 linhas em honra de Inanna) e "Grande Senhora do Coração" (poesia em primeira pessoa em que narra seu exílio dedicado à sua deusa adorada).

Enheduana foi a responsável pela primeira autoria conhecida da história. Teria sido ela a primeira escritora mulher? Não se trata disso. Falar que Enheduana foi a primeira escritora da história nos levaria a presumir que ela foi a primeira escritora mulher da história. Uma vez que a humanidade está tão identificada com o gênero masculino, chamá-la de "primeira escritora" deixaria implícito que estamos tratando da atividade da escrita associada ao gênero da pessoa e que, então, teria havido um homem que a precedeu – e este teria sido, universalmente, o primeiro escritor. Mas não é sobre isso que estamos falando. Enheduana é a primeira pessoa conhecida por nós que assinou um texto. O impacto desse fato é gigantesco e pouco conhecido: a primeira autoria da história foi uma mulher, uma alta sacerdotisa, dedicada sobretudo a uma deusa. Ela é a fonte de estudos textuais que nós temos para entender Inanna e outros deuses da antiga Suméria e Acádia.

Enheduana falava tanto o antigo sumério quanto o acádio, uma língua semita da qual ela era falante ativa, visto que seu pai foi o conquistador da Suméria, anexando-a ao seu império.* Foi Sargão quem fincou os pilares do que viria a ser a grande Babilônia. Em decorrência de seus conhecimentos linguísticos e uso da linguagem poética, Enhuedana foi capaz de mobilizar seus afetos em relação ao sagrado para construir um discurso e um repertório textual que dialogasse com o espiritual e o político. Não à toa, foi expulsa por causa de sua influência política e poder oriundos da missão de sua vida: adorar a deusa Innana/Ishtar. Enheduana era profundamente apaixonada pela divindade que considerava a maior de todas, e que talvez já estivesse no alto da hierarquia divina entre os antigos sumérios.

Interessante lembrar que Enheduanna viveu por volta de mil e setecentos anos antes de Safo, mil e quinhentos anos antes de Homero e quinhentos anos antes de Abraão, o possivelmente mítico primeiro hebreu. É, portanto, mais antiga do que todos eles, tão importante quanto e quase esquecida. Apesar de suas realizações e relevância histórica, é pouquíssimo estudada. É curioso notar que tanto Enheduana quanto Abraão viveram na cidade de Ur, o que vincula a narrativa de exílio e servidão dos hebreus da Babilônia a uma ancestralidade mais ou menos nativa da região em que Enheduana governou como alta sacerdotisa.

Mais tarde, Enheduana foi restituída à sua cidade e a seu cargo sagrado, mantendo-se no seu ofício por muitos

---

* As línguas semíticas se referem a uma família de línguas afro-asiáticas que surgiram em alguns países da África e da Ásia. A origem do nome vem da Bíblia e refere-se às línguas que viriam da linhagem de Sem, filho de Noé. Há controvérsias sobre se essas línguas seriam realmente de um mesmo grupo, mas ainda se adota essa nomenclatura para se referir a elas.

anos. Depois de sua morte, devido a sua enorme importância, Enheduana foi elevada pelo seu povo à condição de deidade menor, podendo, dessa forma, continuar a prestar seus serviços a sua deusa. Foi lembrada pela sua profunda devoção e por seu amor dedicados à deusa Inanna. No meu entendimento, é uma figura que nos dá um dos melhores testemunhos da importância da Deusa no mundo antigo, pois viveu em um momento liminar entre matriarcado e patriarcado e preservou, para todos os fins, o protecionismo da Deusa na esfera religiosa e simbólica, e o protagonismo das mulheres no exercício da própria vida.

Os textos de Enheduana, sob diversos aspectos, preservam muito do que possivelmente foi a Deusa na pré-história, já que o estatuto da mulher nesse momento é elevado ou, ao menos, resguarda a memória de um protagonismo.

A deusa Inanna é uma divindade suméria poderosíssima, associada a fertilidade, sensualidade, sexualidade e erotismo. No entanto, também é o centro da vida política e comunitária, vinculada à ideia de assembleia e capacidade retórica – era tida como uma excelente diplomata, persuasiva e mediadora. É uma divindade que não obedece à ideia de dualidade recorrentemente veiculada entre feminino e masculino: ela tem diversos poderes e tanto sua ação quanto seu corpo transcendem barreiras de gênero.[*] Era a Rainha do Céu e da Terra, título que um dia seria de Zeus. E também é uma deusa do amor, da cidade e, eventualmente, da guerra ao se tornar

---

[*] Recomendo os textos de Julia Schmidt a respeito de Inanna, especialmente aqueles sobre a transgeneridade da Deusa e o Visibilidade Trans, disponíveis em seu perfil no Instagram @juliadasfadas.

Inanna-Ishtar. Antes de tudo, é a deusa da Estrela Dalva/ Vênus e da Lua. Em suma, é uma grande senhora universal, uma deusa cósmica muitas vezes entendida como andrógina, que não era relegada a um reino específico, mas navega entre os mundo, semelhante a Hécate. Inanna, na sua embarcação prateada, navega pelos céus, ora sendo a estrela da manhã, ora sendo a estrela da tarde. Desaparece, à semelhança da lua nova, porque foi visitar o Kurnugu, a terra sem retorno, o mundo dos mortos.

Quando observamos o encadeamento das histórias escritas por Enheduana, podemos ver algumas representações possíveis da deusa Inanna: aparece como uma jovem moça donzela, ou como uma mulher madura e sedutora. E, conforme mencionei, viaja para o mundo dos mortos. Inclusive, é curioso que ela seja chamada de estrela da manhã e da noite, um epíteto conferido a Lúcifer na narrativa cristã e que também era concedido aos faraós do Egito. Trata-se do emprego de uma terminologia que se repete em várias culturas e está associada ao movimento que Vênus percorre no céu: da catábase, a descida ao submundo, à ascensão.

INANNA E O DEUS DA SABEDORIA

Em uma das histórias, a deusa Inanna, Rainha do Céu e da Terra, foi visitar Enqui, deus da sabedoria, para disputar a posse dos *me*. É difícil traduzir essa palavra, que pode se referir a uma série de coisas e, com frequência, várias ao mesmo tempo: decretos, talentos, virtudes, poder. Inanna vai até Enqui porque deseja possuir esses talentos e poderes. Não sabemos ao certo as circunstâncias que teriam levado a deusa a buscar esse encontro com Enqui. Sendo os dois protetores das principais cidades da antiga Suméria, talvez a amizade entre ambos fosse algo esperado do imaginário mítico/poético do seu povo. Talvez Inanna tenha ido especialmente interessada em adquirir ou reaver certos poderes que estavam sob a posse de um deus tão poderoso e importante quanto Enqui.

Enqui conhecia as leis sagradas, o coração dos deuses e os demais mistérios. Inanna embarcou em sua nau prateada – que alguns acreditam ser a estrela Vênus, uma vez que negava pelos céus – e se pôs a caminho do palácio de Enqui, na terra de Eridú. Chegando ao palácio do deus, a rainha Inanna foi recebida com todas as honras, dignas da Grande Deusa que era. À mesa celestial que ficava em frente à estátua do leão, Enqui mandou servir água para ela se refrescar, bolo de manteiga para que se saciasse, cerveja gelada para beber, frutas e tudo o que Inanna pudesse desejar.

Enqui e Inanna se abraçaram e se cumprimentaram, como iguais que eram. O deus estava muitíssimo feliz em recebê-la em seu palácio. A deusa, além de ser Rainha do Céu e da Terra, era a deusa da sexualidade e da fertilidade, sendo a grande responsável pela abundância nas colheitas de toda a Acádia. Das colheitas de trigo, fazia-se cerveja, bebida muito apreciada pelas deusas e pela qual ela também era responsável.

Desse modo, Enqui julgou ser de bom tom convidá-la para uma festiva bebedeira.

Enqui e Inanna beberam cerveja juntos. E muito! Seus copos de bronze estavam sempre magicamente cheios e eles brindaram batendo-os, um contra o outro. Também riram juntos, desafiaram um ao outro e celebraram aquele maravilhoso encontro. Encantado com a deusa, Enqui ergueu seu copo e disse:

"Em nome do meu poder, pela minha coroa sagrada, à deusa Inanna eu presenteio com o alto sacerdócio! A coroa! O trono sagrado dos reis!"

Exultante, Inanna respondeu:

"Eu ficarei com eles!"

E os dois continuaram bebendo. Enqui erguia seu copo e brindava à grandeza de Inanna. E de novo, e de novo, e de novo. A cada brinde, ofertava seus *me* à deusa, e ela os aceitava. Oitenta vezes seus copos se ergueram, oitenta presentes Inanna aceitou.

Depois de se despedirem amigavelmente, Inanna juntou os *me*, depositou-os no seu barco celestial e partiu. Quando já estava distante, Enqui – sóbrio – olhou em volta, procurou pelo seu palácio, mas percebeu que não possuía mais os *me*. Contrariado, chamou seu servo, Isimude, e perguntou:

"Isimude, meu servo, onde estão os *me* que possuo? Aonde eles foram parar?"

Constrangido, Isimud respondeu:

"Meu rei, o senhor presenteou a nobre Inanna, Rainha do Céu e da Terra, com os *me*."

Desesperado, Enqui ordenou que Isimude fosse atrás de Inanna a fim de recuperar os *me*. Junto de Isimude, o deus mandou algumas de suas criaturas monstruosas. Assim, se Inanna se recusasse a devolvê-los diplomaticamente, os monstros dariam conta do recado.

Quando Isimude encontrou o barco de Inanna, ele transmitiu a mensagem de Enqui. A deusa indignou-se:

"Então Enqui está voltando atrás na sua palavra? Exigindo de volta os presentes que deu, de livre e espontânea vontade?"

Percebendo-se em perigo, Inanna chamou pela sua serva e amiga, Ninshubur, que fora a rainha do Oeste, e pediu:

"Minha sábia conselheira, me ajude a salvar o barco celestial e os sagrados *me*."

Para ajudar a sua senhora, Ninshubur cortou o ar com a mão e evocou um enorme tremor vindo da terra, impedindo que os monstros de Enqui levassem o barco com o *me*. Derrotados, os monstros nadaram de volta à sua morada, em Eridu.

Cinco vezes Enqui enviou seus monstros atrás de Inanna e cinco vezes a deusa, ajudada por Ninshubur, mandou-os de volta.

A deusa Inanna se virou para Nunshubur e fez uma promessa:

"Quando meu barco sagrado atravessar os portões da cidade de Uruque, uma grande celebração recairá sobre a terra! Até os idosos e as crianças receberão o barco celestial com uma canção de vitória e a terra de Uruque resplandecerá com os *me*! Cerveja fluirá livremente nos copos! O tambor e o tamborim ressoarão e a música tocará alto! Todos na terra proclamarão, em celebração, o nome de Innana!"

E assim foi.

Enqui reconheceu a sua derrota e o direito de Inanna pela posse dos *me*. Os deuses conciliados deram exemplo ao povo da terra e assim, desde então, as cidades de Uruque e Eridu viveram como aliadas e até amigas.

Com base nessa história, recorrendo às aproximações que podem ser feitas entre a cultura suméria/acádia e a grega, Inanna é, em um primeiro momento, muito parecida com Afrodite, mas também lembra Deméter, a deusa grega da agricultura, dos campos férteis e dos cereais. Não só Inanna cobre essas áreas, como foi a primeira divindade associada à cerveja.

Quando Inanna vai até Enqui, que ora chama de pai ou irmão, ora aparenta ter com ele uma relação de sedução, eles fazem uma competição de beber cerveja. Enqui vai ficando alcoolizado, e Inanna pode beber tudo o que quiser que não fica alterada. É uma história cômica, divertida. Ela fica sóbria; ele, bêbado – e, conforme se embriaga, entrega a ela os *me* um por um. Inanna sai com a sua embarcação prateada carregada deles e, a partir daí, passa a ser extremamente poderosa.

Acho essa história curiosa, pois nos dá algumas dicas de como a deusa é compreendida no contexto das suas potencialidades. Apesar de Inanna ter ganhado determinadas virtudes políticas de um homem, ela as alcançou com sua astúcia, inteligência e capacidade de lidar com adversidades. Em um encontro amigável, torna-se não apenas uma grande senhora da sedução e da sensualidade como da virtude política que preside as assembleias, detentora da persuasão, com a coroa da alta sacerdotisa. É uma deusa não só importante, mas extremamente influente e temível, mais até do que o próprio Enqui. Não à toa, os maiores templos das cidades mais importantes da Suméria, Ur e Uruque, eram dedicados à Inanna.

Outra história interessante é da descida de Inanna ao submundo, o reino de sua irmã, Eresquigal, soberana no mundo dos mortos. Em determinada ocasião, Inanna vai visitar Eresquigal, pois esta estava de luto pela morte de seu consorte. Inanna, então, tal como a estrela Vênus ou a Lua em suas muitas fases, descende às sombras, onde fica por três dias.

Certo dia Inanna, que vivia no céu estrelado, conhecido como o Grande Acima, ouviu um chamado do Grande Abaixo. Da terra de onde os viajantes não voltam, Inanna escutou os gritos e lamentos de sua irmã Eresquigal. Seu marido, Gulgama, o Touro dos Céus, morrera e os ritos fúnebres precisariam ser feitos. Inanna, como irmã de Eresquigal e deusa da cerveja, decidiu prestar as suas homenagens a Gulgama e permitir que os copos em honra ao deus ficassem sempre cheios.

Para a dura jornada, Inanna se preparou e se ornou com seus objetos de poder: a deusa vestiu sua coroa celestial, colocou em seu pescoço um colar feito de lápis-lazúli – sua pedra favorita – e trajou seu vestido real, sobre o qual, por uma placa peitoral, pintou seus olhos de preto e colocou no dedo indicador um anel de ouro. Ela estava pronta, majestosa como uma rainha divina e ornada com o poder de cada objeto em seu corpo.

Antes de Inanna partir para o submundo, chamou sua serva e amiga Ninshubur, e disse, instruindo-a:

"Ninshubur, minha fiel apoiadora, minha conselheira querida, guerreira que luta ao meu lado, amiga com quem posso contar, eu vou descer ao Kur (submundo). Se eu não voltar da terra, lamente-se por mim, cumpra com os ritos fúnebres, mas, principalmente, tente me resgatar. Vá até o deus Enlil e implore para que ele não deixe Inanna, a Prata da Noite, ser morta no submundo. Se Enlil se recusar a ajudar, vá até a cidade de Ur, ao templo do pai Nanna, e peça-lhe para que me ajude. Implore para que ele não permita que a Prata Preciosa e Brilhante do Céu seja coberta pela areia do submundo. Se Nanna se recusar a ajudar, vá à cidade de Eridu e busque por Enqui, implore para que ele não permita que a Sacerdotisa Sagrada, Senhora do Céu e da Terra, seja morta no submundo."

Inanna pôs-se a caminho do submundo. Quando chegou aos portões, bateu os punhos neles com veemência e gritou:

"Neti, guardião do submundo, abra as portas. Eu sou Inanna, Rainha do Céu e da Terra, e estou a caminho do palácio de minha irmã. Se você não abrir os portões, eu os derrubarei e entrarei sozinha!"

Neti, o guardião dos portões que davam acesso ao reino de Eresquigal, respondeu:

"Se você é Inanna, me diga o motivo pelo qual seus pés a levaram pela estrada da qual os viajantes não retornam."

Inanna respondeu ao guardião que estava ali para testemunhar os ritos funerários de Gulgama. Neti avisou à deusa que iria até a Senhora do Submundo a fim de lhe levar a mensagem de Inanna, e pediu que ela esperasse ali. Neti foi até Eresquigal e disse:

"Minha grande e poderosa senhora, sei que está de luto, mas uma donzela tão alta quanto o céu, tão ampla quanto a terra, tão forte quanto as fundações das muralhas da cidade, te espera do lado de fora dos portões."

Eresquigal, tomada de luto, invejou a vitalidade de Inanna e articulou um plano. Ela deixaria que Inanna adentrasse os portões do submundo, mas Inanna deveria entrar curvada e despida de seus poderes. Ela ordenou a Neti que trancasse os sete portões, para que Inanna precisasse, ao atravessar cada um deles, deixar um de deus objetos de poder.

A terra sem retorno era um lugar perigoso e até um deus não poderia transitar livremente por lá. Apenas os mortos desciam ao Kur e Inanna, não estando morta, deveria negociar com os caminhos do submundo. Sob cada portão que a deusa passava, deveria passar curvada e deixar algum dos seus talismãs.

Neti a advertiu:

"Não resista, deusa. Os caminhos do submundo são perfeitos e eles não devem ser questionados."

Sete portões haviam na terra sem retorno. Sete portas até chegar ao palácio de Eresquigal. Setes vezes Inanna se prostrou e sete objetos de poder deixou.

Nua e curvada, a deusa entrou na sala do trono. Assim que colocou os olhos sobre Inanna, Eresquigal contemplou o corpo perfeito da deusa. Perfeito, porque vivo. Perfeito, pois Inanna era a Prata Brilhante do Céu, deusa do amor, da sexualidade e da fertilidade. Tomada de dor e fúria, a deusa infernal prendeu sobre Inanna seu olhar e lançou um feitiço de morte, que atingiu Inanna.

A bela Inanna foi transformada em um cadáver; seu corpo vivo transfigurou-se em um pedaço de carne apodrecida e foi pendurado na muralha do palácio de Eresquigal, onde ficou por três dias.

No terceiro dia, Ninshubur, serva e amiga de Inanna, ao perceber que sua senhora não havia retornado do submundo, pôs-se a cumprir as suas ordens e foi buscar ajuda. Em primeiro lugar, foi até o deus Enlil e implorou que ele ajudasse a resgatar Inanna. Enlil respondeu:

"Inanna, a Senhora do Grande Acima desejou descer ao Grande Abaixo. Ela não retornará. Ela que foi para a cidade sombria, e ficará lá."

Então Ninshubur, seguindo as ordens de Inanna, foi pedir ajuda ao deus Nanna, que lhe respondeu:

"Inanna, a Prata da Noite, preciosa e brilhante, escondeu sua luz. Ela, que foi para a terra sem retorno, de lá não regressará."

Ninshubur, seguindo as ordens de Inanna, foi implorar pela ajuda de Enqui, na cidade de Eridu. Enqui era um antigo amigo de Inanna e, apesar de ele ter perdido os *me* para ela, era sua última esperança. Ninshubur contou toda a história para Enqui, que respondeu: "O que aconteceu com a Grande Senhora Inanna? Onde está a Rainha Sagrada de Todas as Terras? Aonde foi parar a Sacerdotisa do Céu? Meu coração chora e se enluta com destino da deusa Inanna!".

Enqui ouviu o chamado da deusa e, assim que soube o seu destino, se pôs ao trabalho. Do pó da terra, o deus criou duas criaturas – que não eram nem macho, nem fêmea; ou talvez fossem macho e fêmea ao mesmo tempo – e as mandou resgatar Inanna. Ele as instruiu a irem até o palácio de Eresquigal, recuperarem o corpo de Inanna e despejarem sobre ele suas substâncias mágicas: o alimento e a água da vida.

E assim foi feito.

As criaturas, ao se aproximarem de deusa Eresquigal, em vez de lutarem com ela, fizeram eco ao seu luto. A deusa dos mortos chorava e sofria pela morte de seu marido. Seus gritos pareciam os de uma mulher no parto; seu corpo se sacudia como se estivesse lancinando de dor. A deusa chorava e gritava. As criaturas se compadeceram dela: quando a deusa chorava, elas choravam; quando a deusa gritava, elas gritavam; quando a deusa se sacudia, elas se sacudiam.

Eresquigal, vendo-se acolhida e amparada, sentiu no seu coração uma enorme gratidão pelas estranhas criaturas, pois pareciam ter sido as únicas que haviam entendido que o que ela mais precisava naquele momento era de aceitação. Eresquigal não queria que alguém dissesse a ela que ficaria tudo bem, pois não ficaria. Ela não precisava que alguém a consolasse dizendo que tudo aquilo ia passar, pois não passaria. A natureza da perda e da morte é dura demais, até para a Rainha dos Mortos. Ela precisava apenas que sua dor fosse vista e aceita. Como agradecimento, ofereceu às criaturas um presente:

"Quem são vocês, que suspiram comigo e parecem entender minha dor? Se são deuses, eu vou abençoá-los. Se são mortais, vou presenteá-los. Eu sou a Senhora de Submundo e é aqui que todas as águas nascem. Eu vou presenteá-los com a água, o rio em sua abundância."

As criaturas responderam:

"Não precisamos da água, minha senhora, já que nada mais no mundo pode crescer e florescer."

A deusa então respondeu:

"Eu sou a Senhora do Submundo, e todos os nutrientes da terra habitam aqui. Eu vou dar a vocês de presente o nutriente para o grão, para a colheita dos campos."

As criaturas responderam:

"Não precisamos do nutriente, minha senhora, já que mais nada do mundo pode crescer e florescer."

Eresquigal perguntou:

"O que posso dar a vocês, então? Peçam e serão atendidos."

E as criaturas responderam:

"Nós desejamos o corpo da senhora Inanna. Só quando ela voltar ao céu e à terra que os rios fluirão, as plantas crescerão e os frutos maturarão."

E o corpo de Inanna foi dado às criaturas e retornou ao mundo dos vivos.

As criaturas tiraram o cadáver de Inanna das muralhas e o colocaram deitado no chão. Sobre ele, despejaram o alimento sagrado que dá a vida: as águas mágicas. Murmuraram um feitiço no vento e, no terceiro dia, Inanna ressuscitou.

Note que, ao descer ao mundo dos mortos, Inanna veste sete adereços que são instrumentos de poder. Em seu caminho, passa por sete portais e em cada um deve entregar ou retirar um deles. Quando chega no reino de Eresquigal, está nua e despida de poder. Sua irmã, então, faz Inanna falecer, cujo corpo fica pendurado nas muralhas do submundo por três dias. No terceiro, ela ressuscita. Não, Cristo não foi o primeiro – muitas histórias de divindades, de diferentes culturas, possuem uma narrativa de ressurreição.*

Também é interessante perceber que a Suméria é a origem das narrativas astronômicas e astrológicas. Em seus contos, assim como nos gregos, há uma narrativa mitológica e sagrada do funcionamento dos corpos celestes, uma compreensão personificada e antropomórfica da astronomia. Por isso, alguns estudiosos interpretam esse mito como uma explicação das fases da Lua, dos ciclos da natureza e das estações do ano. A morte da deusa da fertilidade traz a ideia de uma necessidade invernal e infernal da morte. Contudo, a deusa ressuscita e volta com toda a sua potência de criação, vida, fertilidade, sensualidade e política.

Em outra história, Inanna parece celebrar com deus Sol um casamento cósmico. Inanna era uma deusa juvenil – parecida com Core, a deusa primavera e floral. Ao conversar com seu irmão, Utu, a deusa Lua/Estrela (Inanna) pergunta quem vai construir sua cama, fazer seus lençóis e se deitar com ela. "Eu, não", ele responde. E diz que ela se casará com o divino pastor Dumuzi, deus de uma cultura estrangeira.

---

* Por exemplo, Hórus, deus do céu no Antigo Egito, também ressuscitou depois de sua morte. Além disso, antes de Cristo, ele havia reunido doze discípulos, teve seu nascimento anunciado pelas estrelas, ressuscitou um morto etc. Osíris, pai de Hórus, também ressuscitou três dias depois de sua morte. Além do egípcio Hórus e Osíris, Mithra, um deus do zoroastrismo, também nasceu de uma mulher virgem, teve doze companheiros, sacrificou sua vida e depois de três dias morto, ressuscitou. Krishna, um deus pertencente à tradição hinduísta, quando morreu, ascendeu aos céus e a sua volta é aguardada até hoje, para que lute com o "príncipe das trevas". Existem vários outros personagens das narrativas mitológicas dos muitos povos e muitas eras que reproduzem um mesmo sistema narrativo e simbólico de retorno e ressuscitação de uma divindade salvadora e redentora.

Não nos surpreende que Inanna discuta o leito matrimonial com seu irmão. Como vimos, é comum que deuses da mitologia se casem com membros da própria família, em especial irmãos. Na narrativa suméria, porém, parece existir uma interdição ao incesto.

"Não! O homem do meu coração é aquele que trabalha os campos!", afirma Inanna ao seu irmão. Num primeiro momento, ela rejeita o pastor, pois quer casar-se com o agricultor. Este era um homem de protagonismo numa cultura sedentária e agrícola. O pastor, por sua vez, simboliza o nomadismo e o desterro, sendo muito vinculado aos povos semitas e à língua acádia. Há um cortejo que não é apenas de um homem para uma mulher, um deus e uma deusa, mas entre culturas e modos de vida. Assim, ao desejar o agricultor, parece que Inanna está optando pela própria cultura. No entanto, Dumuzi vai até ela e a persuade de seu valor: o leite, o queijo, o creme de suas ovelhas são tão bons, nutritivos e saborosos quanto os cereais da terra. Enfim, Dumuzi seduz Inanna, que se apaixona por ele. Os dois se casam e ela o ama. Este é um casamento sagrado e feliz, potente, que soma.

Por último, eu gostaria de trazer uma narrativa de (quase) criação do mundo. Segundo essa história, Inanna era uma jovem divindade deste mundo, que ainda não possuía natureza – nada de árvores, frutos, flores etc. Um dia, caminhando às margens do rio Eufrates, avistou uma única árvore flutuando. Ela pegou essa árvore e a plantou na terra, cultivando-a em seu jardim encantado. Foi a primeira jardineira de todos os tempos.

Inanna cuidava muito de sua árvore, dando-lhe atenção especial. Desejava usá-la para construir uma cama e um trono, símbolos do poder político, da fertilidade e da sensualidade. De repente, porém, uma donzela obscura – que talvez fosse uma serpente e um pássaro que podia entrar e sair do submundo – se apossa da árvore. Essa cobra é imune a encantos, e a donzela se chama Lilith.

Uma árvore num jardim encantado no começo do mundo é um mito que se repetiu muitas vezes ao longo da história. Não à toa, o nome de Lilith é conhecido do cristianismo e do judaísmo medieval. Como vimos, contudo, ela é uma figura que antecede a cultura hebraica e cristã, presente na Suméria e vinculada a Inanna. E, aqui, é associada a uma grande serpente que vive em uma árvore – tal como a narrativa do Jardim do Éden, no Gênesis.

Lilith será entendida como certo contraponto de Inanna, sua complementar. Inanna vai ficar fortemente associada a certa potência natural amigável à humanidade, como a cerveja, o pão, a agricultura, a vida social, a diplomacia etc. Lilith, por sua vez, é seu duplo selvagem, a potência da natureza, a fertilidade do feminino chamada de sombria – mas que eu prefiro chamar de insubmissa. Afinal, Lilith não pode ser encantada, enfeitiçada. Na antiga Suméria, e ainda depois, nas culturas canaanitas, Lilith será entendida como uma figura análoga aos ventos do deserto e também aos mares primitivos, onde habitam muitos monstros. É uma força insubmissa, vista como alguém que não é dócil, que não se presta à civilização, e permanece não domesticada no imaginário ocidental, assumindo forçosamente então, aspectos associados ao mal.

CORE, PERSÉFONE E DEMÉTER: VIDA, MORTE E RESSURREIÇÃO E OS TRÊS ASPECTOS DA DEUSA

Desde os primórdios, as divindades femininas têm desempenhado papéis cruciais em narrativas que exploram temas de morte e renascimento, transmutação e processos alquímicos internos e externos. As transformações inerentes ao mundo natural, que implicam um ciclo de vida, morte e renascimento, se manifestam de maneira evidente nos corpos femininos e na produção psíquica humana ao longo da história. Sociedades matriarcais, em muitos casos, vinculavam simbolicamente serpentes à figura divina feminina, assim como frutos e pomos encantados representando símbolos de nutrição, agricultura, sabedoria e capacidade de transformação sem aniquilação (como a serpente, simbolicamente trocamos de pele). As mulheres, nas muitas narrativas sagradas produzidas pela humanidade, têm explorado o mundo dos mortos e retornado. O processo de reprodução sempre fez as mulheres se confrontarem com o tema da morte. Deusas associadas à agricultura e à primavera, por vezes, também eram retratadas como viajantes ou senhoras do submundo. As forças da vida encontram seu complemento necessário nos mistérios da morte, e a história de Core/Perséfone e Deméter é um testemunho significativo dessa dinâmica.

Deméter é, no panteão da mitologia grega, a venerada deusa da agricultura. Filha de Crono e Reia, detentora da fertilidade e da colheita, Deméter gerou, do fruto do seu ventre, a jovem deusa Core – personificação da primavera –, a maçã dos seus olhos. Contudo, sua alegria foi eclipsada quando Hades, com o consentimento de Zeus, sequestrou Core para torná-la sua esposa no submundo. A Deusa Mãe personifica a fecundidade da terra e a essência vital das colheitas que sustentam a humanidade. Seu nome ressoa como um hino entre os campos cultivados que nutrem os corpos ou, quando inférteis, geram a fome quando a influência da deusa é sentida mais intensamente.[1]

> Com as mãos arrancou a mantilha dos cabelos imortais, lançou escuro véu sobre os ombros
> Soberana Deméter, trazedora das estações, de esplêndidos dons
> O manto escuro se enrolava ao redor dos esbeltos pés da deusa.
> Deméter trazedora das estações de esplêndidos dons
> Muitos arados encurvados inutilmente os bois arrastavam nos campos, e muita cevada
> branca em vão caiu na terra
> Ela teria aniquilado completamente a raça dos homens mortais pela fome penosa e teria privado os que têm palácio no Olimpo[2]

Deméter não é apenas a provedora generosa de grãos e cereais, mas também a guardiã implacável que pode, com um movimento celestial, privar a terra de sua fertilidade, lançando-a na escassez. Ela é a Senhora das Estações do Ano, cujas mãos habilidosas moldam o ciclo infindável de vida, morte e renascimento que permeia a natureza. Identificada por Eurípides como Mégala Mater, Deméter transcende as fronteiras mitológicas, sendo reverenciada como a Grande Mãe que nutre tanto os campos quanto a alma humana. Os epítetos da deusa são múltiplos e nos revelam o seu campo de influência. Ela é chamada de: Verdejante, Dourada, Loura, Fértil, Pomifera, de belo flutuar, Viçosa, Dadivosa, Nutriz de Crianças, Ctônica, Doadora de Leis etc.

Ainda que dadivosa e nutriz de crianças, ela também é ctônica em sua essência, pois é, como toda Grande Deusa, conectada às profundezas da terra, guardiã dos segredos que residem nos recantos mais sombrios e férteis do submundo – e, talvez por isso, dará à luz uma criança primaveril e floral que se tornará também a Senhora dos Mortos. Essa dinâmica deixa explícito que tanto Deméter como Core/Perséfone (aspectos diversos de uma mesma deusa) são representantes não dos mistérios concernentes aos ciclos da natureza e aos corpos femininos, mas também dos mistérios da vida e da morte e do vínculo necessário entre eles.

Ademais, como doadora de leis, Deméter estabelece os princípios que regem a harmonia entre a humanidade e a natureza. Seu legado é o elo vital que une os ciclos da vida, desde a germinação das sementes até a colheita generosa que alimenta nações inteiras. Ela é a personificação do equilíbrio e da prosperidade, mas também dos impactos terríveis que podem ser gerados caso seja negligenciada, rebelando-se contra a raça dos homens quando eles abusam do corpo da terra.

Contudo, apesar das muitas semelhanças entre Deméter e Gaia, que também é uma deusa terra, Deméter é associada à terra trabalhada, é a guardiã dos campos onde os grãos brotam e as colheitas se tornam o pão diário que sustenta a humanidade. E, assim como Inanna, seus domínios dão origem à cerveja, uma bebida que celebra a fertilidade da terra. Daí a imagem antiquíssima do pão e da cerveja como os sustentáculos da nutrição humana.

No seu aspecto sombra, devemos lembrar que as câmaras que guardavam os corpos dos mortos, em algumas ocasiões, eram chamadas de *demetriói*, ou seja, câmaras de Démeter. Isso se dava, pois eram nos domínios da deusa que aqueles que repousavam na terra e cujas vidas estavam entrelaçadas com os ciclos naturais encontravam descanso e se vinculavam a Deméter como uma espécie de guardiã de sua jornada além da mortalidade. Terra, vida, tumba e morte são partes de seu reino e, sob seu olhar, a transição para o além é regida por uma sincronia que honra a continuidade da existência. Ainda que o aspecto sombrio de Deméter não seja comumente lembrado, ele ficará manifesto através da vida do fruto do seu ventre, sua filha, Core.

O RAPTO DE CORE E A TRANSFORMAÇÃO DA DEUSA

A jovem deusa Core, que depois será conhecida como Perséfone, é a filha de Zeus e Deméter, nascida depois da união de Zeus com Métis e antes do casamento com Hera. Core era a personificação da beleza de ervas, frutos, flores e perfumes. Core vivia na companhia de sua mãe Deméter, que a amava profundamente. No entanto, o destino de Core mudou por completo quando Hades, o deus e Senhor do Submundo, a sequestrou para torná-la sua esposa e Senhora do Submundo.

Ao perceber o desaparecimento de sua filha, o desespero de Deméter foi se tornando mais e mais evidente. Como poderia a deusa da agricultura viver sem a primavera? No seu desalento, Deméter foi ajudada pela deusa dos caminhos, Hécate, e o deus sol, Hélio, que revelaram o paradeiro de Perséfone. Com a triste notícia, Deméter abandonou a companhia dos demais deuses olímpicos e, mergulhada em um terrível luto, condenou a terra a um inverno perpétuo.

Na sua errância, Deméter chegou a Elêusis, onde foi acolhida no palácio de Celeu e Metanira. A deusa, mergulhada na sua dor, permanecia impassível até que Iambe, a serva do palácio, utilizou de piadas e, dizem alguns, até certo humor obsceno para quebrar a tristeza de Deméter. O riso, funcionando como um remédio, ajudou Deméter a dissipar sua melancolia, e reaqueceu o coração da deusa. O episódio em Elêusis não apenas aliviou o coração de Deméter, mas também marcou o início do ritual de mistérios eleusinos, uma celebração sagrada que honrava a deusa e sua jornada. Assim, o riso de Iambe tornou-se símbolo de renovação e esperança, restaurando não apenas a alegria de Deméter, mas também o ciclo natural da terra.

Celeu e Metanira, rei e rainha de Elêusis, acolheram Deméter em seu palácio, sem saberem inicialmente da verdadeira natureza divina. Deméter assumiu o papel de nutriz para Demofonte, o filho temporão e príncipe da casa, redirecionando seu desejo de maternar para o jovem príncipe. Em um gesto divino, alimentou o menino com ambrosia, o alimento dos deuses, e purificou sua parte mortal no fogo sagrado, buscando conferir-lhe uma essência divina.* No entanto, a intervenção divina foi descoberta por Metanira, que, atônita, testemunhou a tentativa de transformação de seu filho e interveio. Deméter, revelando sua verdadeira identidade, compartilhou a razão por trás de seus atos, marcando o início de uma relação especial entre a deusa e a família real de Elêusis.

Como reconhecimento à generosidade de Celeu e Metanira, e como parte de sua gratidão, Deméter influenciou Celeu a fundar um templo em Elêusis em sua honra. Neste local sagrado, ela compartilhou os mistérios que envolviam a natureza, a vida e a morte, iniciando os eleusinos nos segredos divinos.

Novamente na condição de mãe sem um filho ou filha, a terra começou a secar e endurecer quando Deméter foi consumida pela tristeza pela ausência de Core. A fome assolou a terra, e Zeus, preocupado com a desolação, enviou Hermes ao mundo dos mortos para negociar a liberação de Core. Contudo, Core, que agora era Perséfone, já não era mais uma jovem deusa da primavera, mas havia se alimentado do fruto

---

* Outros heróis também passaram por algum tipo de processo de purificação no fogo ou na água até encontrarem sua dimensão divina.

do submundo – a romã – e a ele estava vinculada para sempre, tendo-se tornado Perséfone, rainha e Senhora do Submundo.

A romã, cujo simbolismo é encontrado em diversas tradições, acumula uma série de significados. Algumas especulações imputam ao episódio os temas da menstruação, da iniciação na vida sexual, da fertilidade do corpo de uma jovem que se torna mulher etc. Contudo, a jornada iniciática de Core para se tornar Perséfone também a transforma em uma poderosa rainha, rica, uma vez que o submundo é rico em nutrientes, pedras preciosas e almas (no sentido de nessa cosmovisão existirem muito mais almas de mortos do que de vivos). A deusa, ao se tornar Perséfone, não deixa de ser Core. Ela não perde o cargo de deusa da primavera; antes disso, acumula funções. Nesse sentido, a deusa Perséfone é, ao mesmo tempo, a deusa da primavera, das flores e dos perfumes, e a rica sonora governante do mundo dos mortos e juíza de almas.

Por outro lado, a romã também se torna símbolo da divisão do tempo, marcando a alternância entre as estações férteis e as estéreis. A negociação que foi travada entre as divindades levou-as à seguinte conclusão: Perséfone passaria, a partir daquele momento, parte do ano com Deméter, restaurando a fertilidade da terra e renovando a esperança na continuidade da vida. Na outra metade do ano, ela desceria aos reinos infernais e governaria ao lado de seu marido e consorte, o obscuro, porém sábio, deus Hades.*

---

* A figura de Plutão, também conhecido como Hades, é multifacetada nas tradições mitológicas. Ele é descrito como o rico, cronida multinomeado, sem rosto, Zeus subterrâneo e implacável. Essa variedade de epítetos destaca dife-

A lenda de Deméter e Perséfone, especialmente seu sequestro por Hades e a subsequente busca de Deméter, é interpretada como símbolo contínuo de morte e ressurreição. O mito ecoa a ciclicidade da natureza, com a separação de mãe e filha representando a estação seca e o inverno, enquanto sua reunião marca o retorno da primavera e a renovação da vida. Esse ciclo anual reflete a complexidade e a interconexão entre os reinos divino e mortal, a vida e a morte e a renovação de tudo o que existe – incorporadas aos mistérios eleusinos.

Até o momento, pudemos observar, em diversas tradições mitológicas, como as relações entre morte e vida, reprodução e nutrição, ascensão e declínio foram personificadas por meio de divindades e narrativas distintas inseridas no arquétipo da Grande Deusa. A partir de agora, continuaremos explorando narrativas gregas, especialmente aquelas vinculadas a Zeus, para analisar a ascensão do patriarcado.

---

rentes aspectos de sua natureza, ressaltando sua posição como governante do submundo. Plutão representa a riqueza oculta no subsolo, a força que faz brotar as sementes sepultadas e as transforma em nova vida. Sua união com Perséfone é central para esta concepção, sugerindo que, por meio desse enlace, há uma mudança na tradição convencional acerca da morte. Em vez de ser apenas um reino de sombras, o submundo torna-se um lugar de renovação e regeneração.

CAPÍTULO 6

A ASCENSÃO DO PATRIARCA: O CASO ZEUS

"No início, era o caos", dizem muitas narrativas sagradas. Assim também começa a *Teogonia*, poema do grego Hesíodo que narra o nascimento dos deuses e, com isso, do universo. Aqui, Caos não é o contrário da ordem; um monte de criaturas, corpos e elementos em desordem. Não, é a divindade primordial, essa, sim, talvez eterna, sempre vivente, que sempre esteve lá. Uma espécie de abismo que contém, em si, todas as potencialidades. É uma pulsão de vida, uma vontade em potência que, então, se expressará e se tornará um ato.

Esse vazio primordial dará à luz a primeira geração divina, que inclui, é claro, Gaia, a Grande Deusa da fertilidade, o início do que o psiquismo humano compreendeu como divino. A grande protagonista dos primeiros deuses. Perceba que Gaia não personifica a terra embaixo dos nossos pés – as florestas, a primavera, os campos, como mais tarde fará Deméter.

Gaia é o corpo da terra, o planeta Terra, cujas profundezas dizem respeito ao deus Tártaro, um espaço posteriormente associado ao reino dos mortos.

Então veio Eros, o deus-atração, o coordenador de elementos, aquele que, na minha interpretação, é o responsável por transformar o Caos em cosmos – em ordem, beleza e harmonia. A força de Eros, o desejo, fez os corpos celestes se atraírem e se organizarem. Não é o desejo sexual dos corpos humanos, divinos e animais. É a atração universal entre corpos e forças celestes. Não à toa, é ele que faz com que seus irmãos, que também nasceram de Caos, Nix, a noite, se relacione com Érebro, as trevas, gerando Éter, o deus da matéria, e a deusa Dia.

No entanto, algo curioso acontece: Gaia não se deita com ninguém; antes, gera espontaneamente, sem nenhum consorte, seu igual e oposto: o Céu, o deus Urano, seu oposto complementar. Juntos, eles formarão o primeiro grande casal sagrado e a primeira hierogamia: o casamento entre o céu e a terra.

Urano, apaixonadíssimo por sua mãe e esposa, não se separa por nem um momento de Gaia e fica o tempo inteiro colado nela. Por isso, Gaia começa a gerar filho atrás de filho, mas não consegue pari-los, uma vez que Urano não se separa de seu corpo. Podemos imaginar que, em algum determinado momento, o céu desabara sobre a terra e nada podia vir à luz.

Eis que Gaia começa a querer a se distanciar de Urano para parir e passa a articular uma solução com um dos seus filhos, que vive dentro dela. O nome dele é Cronos, deus que, posteriormente, será associado ao tempo. Cronos vem ao resgate de sua mãe: Gaia forja em seu interior uma foice e, de dentro, ele castra Urano. Por meio dessa castração, o céu se separa da terra.

Temos aí o primeiro divórcio cósmico – Urano foge assustado e se eleva às alturas, acima da terra. Parte do sangue de Urano cai sobre a terra e germina em divindades vinculadas à vingança e à guerra – como, respectivamente, as Erínias e as Melíades. O seu órgão sexual cai em Pontos, o deus-mar. Da mistura do corpo de Urano com a espuma do mar, nasce a deusa do amor, Afrodite.

Vinculada à beleza, sensualidade e fertilidade, Afrodite costuma ser associada a Eros, não à toa. É importante notar que, segundo a versão de Hesíodo, não só ela não tem mãe, como tem dois pais: Urano e Pontos. É curioso que uma deusa que, em tantos sentidos, encarna qualidades e características da antiga deusa da fertilidade perde sua matrilinearidade: é descendente direta apenas de deuses homens e fruto de uma grande violência.

Inclusive, como vimos antes, Afrodite possui traços guerreiros – ainda que seja, de maneira leviana, associada à docilidade. Seu marido é o deus ferreiro, Hefesto, que confecciona armas, e seu amante é Ares, deus da guerra, os quais surgirão na próxima geração de divindades. A fertilidade, nessa narrativa, está intimamente conectada com a violência.

Enfim, Urano é substituído pelo filho que castrou o pai. Começa o reinado de Cronos. Este se torna o Grande Deus, o Grande Rei, mas é amaldiçoado pelo pai. Urano pede que a violência sofrida por ele se repita contra o filho. Assim como Urano fora destronado por Cronos, este deverá ser destronado por um filho seu.

Cronos, então, casa-se com sua irmã Reia, uma deusa, em muitos sentidos, análoga à Gaia. De sua união são gerados novos filhos. Cronos, desejando manter poder sobre o cosmos, devora os próprios filhos na ocasião do seu nascimento. Enquanto Urano deixava os filhos encarcerados dentro do corpo de Gaia, Cronos encarcera seus filhos dentro de si. É a metáfora perfeita do tempo devorador.

Reia, por sua vez, aflita com a sua situação, resolve proteger o último filho, o pequeno Zeus. Para isso, articula um plano: em vez de entregar a criança a seu marido para ser devorada, Reia, confiando na desatenção dele, entrega uma pedra envolta com paninhos infantis. Cronos, ávido por livrar-se do filho e rival, logo engole a pedra, sem se dar conta do engodo.

Zeus é uma criança do destino, uma criança prometida que vai ser o veículo para a realização do destino trágico de seu pai e a concretização de seu próprio: se tornar Senhor do Cosmos. Clandestinamente criado por Gaia ou por ninfas, a depender da versão, é ocultado de seu pai, que acreditava ter-se livrado do problema. Como todo bom herói, Zeus cresce e retorna para conquistar o trono seu por direito.

É curioso pensarmos que Zeus, que será o grande patriarca do panteão de deuses gregos, foi criado por divindades intrinsecamente associadas aos poderes da natureza e às culturas matriarcais pregressas. Ou seja, a composição dessa narrativa, consciente ou não, parece evocar uma ideia de certa continuidade autorizada, abençoada, cuidada entre as religiões antigas e a nova religião olímpica. Se Zeus foi protegido e criado por Gaia ou pelas ninfas, seu poder é, de alguma forma, legítimo.

Zeus confronta Cronos. Por meio de estratagemas, consegue ludibriar seu pai para que este ingira uma substância que o faz vomitar os deuses encarcerados no seu estômago, as irmãs e os irmãos de Zeus. Libertados por Zeus, essas divindades se tornarão os deuses olímpicos. Depois de uma série de guerras e disputas cósmicas com outras forças primordiais, Zeus se consolida na posição de Grande Deus, Senhor do Cosmos, administrador da economia cósmica. Para conseguir governar, ele coloca a si e seus irmãos em certas posições de maneira a substituir os deuses mais antigos – alguns deles, punidos e encarcerados nos confins do Tártaro, outros admitidos nesse novo cosmos, porém com seu status diminuído, fragilizados, submetidos e às vezes abertamente suplantados.

É importante percebermos que ocorre certa separação simbólica através da ascensão de uma geração e a decadência de outra. Os deuses da nova geração, tais como Hera, Héstia, Hades, Deméter, Poseidon, além do próprio Zeus, em muitas formas superior a todas as outras, dividem os poderes e os reinos entre os seus irmãos. Poseidon fica encarregado das águas; Hades, do submundo e dos mortos; Zeus, do espaço celestial e terrestre. Assim, três grandes deuses homens governam juntos o cosmos. Poderíamos ver aí, inclusive, uma antecipação do mistério da trindade, presente de muitas formas em diversas culturas diferentes.

Hades então, de certa forma, absorve o Tártaro e torna-se, ele mesmo, governante do mundo inferior e nomeia o próprio reino. Poseidon, por sua vez, também absorve Pontos, tornando-se não o corpo do mar, mas o Senhor das Águas. Enquanto Zeus, como grande patriarca celestial, absorve Urano e Cronos, tornando-se Pai de Todos, o Crônida, o Senhor de Homens e Deuses, do Céu e da Terra. Trata-se de uma espécie de trindade masculina protagonizada, que, assim como seu pai e seu avô, escolhe uma consorte cósmica, sua irmã, a deusa Hera.

Hera, possivelmente, é uma divindade pré-grega. Talvez uma antiga deusa vinculada à justiça, aos acordos, às leis e às convenções sociais; uma deusa que organiza a vida social e política e, de alguma forma, uma Grande Mãe. A esposa de Zeus, que me parece uma das divindades femininas mais mal-interpretadas da história da mitologia grega, terá seu poder confinado ao espaço doméstico, em que as mulheres foram aprisionadas. Hera se torna, então, a deusa dos casamentos e/ou dos acordos e da lei matrimonial, frequentemente lembrada, de maneira muito irônica, como ciumenta e vingativa, dedicando parte considerável do seu tempo a perseguir as amantes de Zeus e seus filhos ilegítimos.

Como protetora dos casamentos, das uniões formais, dos matrimônios, ela é vítima de um marido infiel. Zeus é uma figura com muitas consortes e bastardos, e não vai respeitar a instituição do casamento nesse sentido. Como a antiga deusa da lei perde seu lugar de juíza e legisladora para seu marido adúltero e não consegue fazer cumprir a única legislação à qual fica circunscrita, a do matrimônio? Zeus reina com Hera ao seu lado, mas centralizando o poder e, de muitas formas, humilhando a esposa.

Em certa ocasião, Hera, assim como Gaia antes dela, e assim como muitas outras deusas antes dela, gera sozinha, sem nenhum amante, Hefesto, o deus ferreiro que confecciona as armas e as joias. Ele é uma divindade construtora, o deus-artesão, mas, diferente dos demais olimpianos, não é considerado belo, pois é um deus com deficiência física. Também é um dos poucos que trabalham. Hera, porém, teria concebido Hefesto por inveja e ciúme de Zeus, que teria parido, mais ou menos sozinho, a sábia deusa Atena.

Essa dinâmica entre um deus que gera sozinho uma filha perfeita e uma deusa que também gera sozinha o único deus considerado imperfeito nos mostra uma dualidade e hierarquia muita claras. A potência da geração e reprodução da vida, associada aos corpos femininos, é absorvida pelo Deus Pai. Como a potência geradora e reprodutora da vida começou a ser associada ao corpo masculino de tal forma que Zeus concebe uma filha sem um corpo de mulher?

Antes de Hera, Zeus se casou com Métis, deusa da astúcia e da prudência, um tipo bastante específico de sabedoria prática. Quando Métis engravidou, uma profecia parecida com a de Cronos assombrava Zeus: seu descendente o destronaria, assim como ele destronara seu pai. Por isso, Zeus engoliu Métis inteira, que foi destruída e incorporada pelo marido. Depois de um tempo, Zeus passa a sofrer de enormes dores de cabeça. Um belo dia, espontaneamente, sai de sua cabeça sua filha adulta, vestida para a batalha, brandindo um grito de guerra. É Atena, a nova deusa da prudência e também da guerra.

Ao contrário do que vimos com Hera e Afrodite, e acredito ser verdade para as demais deusas gregas, Atena não traz aspectos da Grande Deusa antiga. Apesar de ser mulher, ela é uma grande defensora do Deus Pai, dos heróis e dos afetos que formam essa civilização, cultura e religião extremamente patriarcais. É o símbolo, em corpo feminino, de certa racionalidade e belicosidade típicas do patriarcado.*

Assim, vemos como a *Teogonia* mostra como funciona o sistema de pensamento religioso grego, como se deu a transição entre matriarcado e patriarcado no mundo helênico e como a Grande Deusa não só perdeu sua soberania, mas seu status de figura fertilizadora para o pai celeste.

A mitologia grega é especialmente fascinante, pois, de alguma forma, incorpora quase todos os momentos da história do sagrado que vimos até aqui. Há personagens mitológicos

---

* Uma das narrativas mais paradigmáticas que ilustram isso é a história por trás do famoso "voto de Minerva". A transição do matriarcado para o patriarcado é vividamente representada na história teatral por meio das tragédias que culminam no destino de Orestes e no assassinato de sua mãe. Agamêmnon, visando iniciar a expedição a Troia, sacrifica sua filha, Ifigênia. Em resposta a esse holocausto, Clitemnestra assassina o marido, e Orestes, por sua vez, mata Clitemnestra para vingar a morte do pai. O conflito divino surge, deixando os deuses indecisos quanto ao verdadeiro direito. Atena, com seu voto celebremente conhecido como o voto de Minerva, decide em favor de Orestes, estabelecendo que o direito de vingar o pai prevalece sobre o direito de vingar a filha. Essa narrativa delineia de maneira clara a transição dos valores matriarcais para os patriarcais e o direito do pai que se sobrepõe ao direito materno. O caso de Atena é cheio de particularidades e para ser explorado profundamente poderíamos lhe dedicar um volume inteiro.

que representam o monoteísmo, o politeísmo e a monatria de maneira bem clara. E essa abundância de histórias e personagens incorpora os diferentes estágios da narrativa que a humanidade teceu, ao longo de milênios, sobre o sagrado.

Nesse aspecto, Zeus é símbolo do arquétipo indo-europeu. Com seus raios e trovões, é um grande pai, um administrador, um fertilizador. Ele tem diversos filhos, nações, governa o cosmos, centraliza o poder e é hierarquicamente superior às demais divindades – uma visão diferente dos povos matriarcais proto-helênicos que ocupavam a Grécia na época em que os indo-europeus invadiram a região.

E quem esses povos matriarcais adoravam? As deusas da fertilidade, da função materna, da agricultura, tal como a deusa Pótinia, de Çatal Hüyük, dos bosques, dos rios, cujos poderes foram personificados em deusas menores do panteão grego, como Afrodite, Deméter e Gaia, e divindades menores, como ninfas e nereidas. Inclusive, várias delas, que achamos serem pertences à mitologia grega, provavelmente se originaram na pré-história com outros nomes. Quando o Grande Deus masculino, Zeus, aterrizou na Grécia, se deparou com essas deusas locais.

É muito interessante notar que, assim como a Deusa possui muitos nomes, havia muitas ninfas, que aparecem nas histórias como divindades naturais que foram perseguidas e violentadas por deuses e homens. São objeto de violência de poder diminuto que sempre precisam recorrer, de alguma forma, à proteção de uma divindade maior. No contexto da mitologia e da religião grega, percebemos que essas deusas da natureza perdem status e poder. Aparecem como pano de fundo das histórias e são frequentemente associadas à debilidade, à fragilidade e, em alguns casos, ao mal, como as sereias.

As sereias são criaturas associadas ao ar, às águas e ao mal. Destroem, trucidam e atacam os marinhos. Em *Odisseia*, vemos que os tripulantes que acompanham Odisseu devem colocar cera nos ouvidos enquanto o herói é amarrado no mastro para não se jogar no mar ao ouvir o canto das sereias. Figuras como as sereias evocam uma lembrança feminina da espiritualidade antiga, retratada ora como dominada, fragilizada, abusada, estuprada, condenada à servidão, ora como má.

As ninfas também são com frequência mães de heróis e, assim como várias humanas, muitas vezes contra a sua vontade. Em geral, a investida de um deus homem na mitologia grega sobre uma ninfa ou uma mulher acaba com ela destroçada, destruída e/ou incinerada, como Cassandra, condenada a não acreditarem nela e eventualmente morta ao se recusar a dormir com Apolo. Ou como Io, transformada em vaca por Hera por ter chamado a atenção de Zeus. A função narrativa desses corpos femininos é gerar uma criança divina, que será um herói guerreiro e buscará, na sua trajetória, reconexão com o seu pai divino, como Héracles, Helena, Pólux, Dionísio – todos marcados pela paternidade divina, por uma vida extraordinária, ainda que às vezes trágica, e por um retorno à condição divina ofertada pelo pai.

Nessas narrativas, testemunhamos a abrupta mudança do domínio matriarcal para o patriarcal, marcando assim o advento de uma nova era. A antiga ordem, em que senhoras detinham o poder sobre os céus e a terra, repletas de habilidades místicas, rainhas e feiticeiras que personificavam as forças da natureza, é subitamente suplantada. A Grande Deusa, antes venerada como a detentora suprema, é agora deposta de seu trono, e aquilo que outrora era reverenciado transforma-se na origem do pecado e na fonte do mal no mundo. Este cenário revela não apenas uma mudança de liderança, mas também uma alteração fundamental na percepção do divino, desencadeando uma nova narrativa segundo a qual a reverência é substituída pela demonização.

CAPÍTULO 7

DEUSAS HUMANAS E MULHERES DIVINAS: EVA E LILITH COMO DECADÊNCIA E REDENÇÃO DO FEMININO SOMBRIO

Os semitas ou canaanitas são um grande guarda-chuva que se refere a povos nômades da região de Canaã, a qual compreende o atual Estado de Israel, a Faixa de Gaza, a Cisjordânia, parte da Jordânia, do Líbano e da Síria. Nômades, por muito tempo viveram em movimento, comumente como pastores de ovelhas e cabras; por isso, não cultivaram a terra. E o Oriente Médio, em geral, possui muitos desertos e terra árida, com só alguns bolsões de fertilidade. Não à toa, suas narrativas contam a busca por uma terra fértil que possa se tornar seu lar. E sua principal divindade não é associada à terra como antes era a Grande Deusa. É, antes de tudo, celeste.

Quando estudamos a história desse grande guarda-chuva de povos chamados canaanitas, uma das nossas fontes principais sobre sua cultura, religiosidade e mitologia são os textos ugaríticos, escritos encontrados no século 19 na antiga cidade de Ugarite, além da Bíblia hebraica, ou Antigo Testamento. Neles, aprendemos que todos os grandes criadores e governantes são deuses celestes.

Por exemplo, El, descrito nos textos ugaríticos, é um grande e sábio senhor chamado de criador de criaturas, governante do cosmos, associado aos raios e tempestades, um Grande Pai que vive no alto de uma montanha, em um trono celestial etc. É a imagem clássica que temos de Deus. Outro é Baal Al Zeebu, entendido como um cavaleiro das nuvens. Também era um senhor celestial, mais fortemente associado à fertilidade dos campos, mas através, sobretudo, da chuva. Ou seja, até a fertilidade é celeste. Mais tarde, será associado com o diabo, o Belzebu. O mais famoso de todos é o Grande Pai Yahweh, o deus tribal dos hebreus. Normalmente, quando falamos em Deus na cultura ocidental, mesmo sem saber, estamos nos referindo a esta divindade específica e nomeada. Yahweh, ou Javé, assim como El e Baal, é um deus criador associado aos céus, cujo epíteto na Bíblia hebraica é Elohim (o hebraico אֱלֹהִים, אלהים), o supremo.

Como esses, há uma série de divindades tribais de povos diversos que se encaixam no arquétipo de Grande Deus ou Grande Pai, com algumas diferenças entre eles. No entanto, a existência dos bolsões de fertilidade aponta para a presença de alguma forma da Grande Deusa na mitologia da região. Ela também aparece com nomes diferentes: Astarte, Aserá, Shekinah. De todo modo, é uma divindade importante feminina comumente associada ao Grande Deus, com quem possui um casamento sagrado. Por exemplo, estudos arqueológicos descobriram que os antigos hebreus adoravam um casal divino – Yahweh e Aserá – que governava junto na antiga Judeia.[1] Muitas pessoas nem sabem disso por ser de um passado longínquo.

Por séculos, suas narrativas eram orais e versavam sobre espiritualidade, religião, criação do cosmos, da terra e do ser humano em que um casal divino governou junto o cosmos. Quando analisamos a Bíblia, porém, vemos que as figuras femininas perderam valor e status. São duas as protagonistas femininas que podem nos ajudar a entender essa transição: Eva e Lilith.

Eva foi a primeira grande corrompida e a primeira grande corruptora; Lilith foi um demônio. Esta sequer é nomeada no texto bíblico – é mencionada nos textos medievais e no misticismo judaico. O Talmude, por exemplo, a menciona, assim como o Midrash* e o Zohar.** Inclusive, algumas

---

* O Midrash é uma forma de literatura judaica que surgiu para explicar, interpretar e expandir as histórias e os ensinamentos da Bíblia hebraica e demais textos da tradição judaica. Os textos de Midrash são compostos de uma combinação de comentários, reflexões, histórias e interpretações múltiplas e frequentemente antagonistas, inerentes à tradição judaica.

** O Zohar, também conhecido como "o livro do esplendor", é uma coleção complexa de textos que inclui interpretações místicas, comentários sobre a Torá e discussões teológicas que organizam o misticismo judaico. O Zohar exerceu

leituras interpretativas entendem a existência de uma primeira mulher criada à imagem e semelhança de Deus assim como Adão. No alfabeto de Ben Sira,[2] encontramos a história a seguir.

Quando Deus se pôs a criar o ser humano, ele fez duas criaturas. Uma masculina e uma feminina: Adão e Lilith. O casal primordial não funcionava muito bem juntos. Lilith não concordava com Adão em muitas questões e também não fingia concordar para manter a paz. A briga mais frequente do casal incidia sobre a posição sexual. Lilith se recusava a sempre ficar por baixo de Adão durante o sexo. Ela sentia que a posição sexual, para ele, não dizia respeito apenas a prazer, mas a poder, e Lilith não aceitava ser submetida por Adão. Dizia ela, enfurecida: "Por que você, Adão, deseja me dominar se ambos fomos feitos do pó da terra, à imagem e semelhança de Deus?".

Mas Adão não podia aceitar que Lilith era sua igual e deveria ser tratada como tal. Ela, percebendo que nunca seria livre ao lado de Adão, escolhe partir. O exílio, pensou, seria melhor do que a submissão, pois, pelo menos exilada, ela teria a liberdade de ser ela mesma, ainda que não fosse feliz.

Lilith então pronunciou o nome de Deus, que nunca deveria ser pronunciado, e se retirou do paraíso. Nas suas errâncias, foi parar em uma caverna no deserto, próximo ao mar Vermelho. Dizem que, se você prestar atenção nos ventos do deserto, pode ouvir sua voz.

---

uma influência significativa na tradição cabalística e continua a ser estudado e respeitado por aqueles que buscam uma compreensão divergente da espiritualidade judaica.

Mas, então, por que o culto da Deusa ou de mulheres de maior destaque foi substituído por figuras femininas associadas ao mal, à corrupção, degeneração, decadência, expulsão do paraíso? Primeiro, por causa justamente de uma região árida evocar um deus celeste, não terreno. Como uma terra árida e infértil poderia ser adorada como fonte de sustento e bênçãos? Assim, faz mais sentido cultuar um deus celestial, que não faz parte de sua criação – um motor imóvel, metafísico do mundo. É, inclusive, superior e maior do que ele.

Durante sua fuga do Egito, conta a Bíblia hebraica, os hebreus viveram quarenta anos no deserto. Deus, então, enviava a eles o maná, uma comida que vinha do céu. Esse é um símbolo poderosíssimo. A nutrição em terra árida era tão difícil, que, nesse imaginário religioso e mitológico, a comida tinha que literalmente cair do céu.

Ao mesmo tempo, o início do mundo se dá num jardim fértil e encantado em que natureza, humanidade e divindade coabitam, o Éden. Então, o texto bíblico conta a história da humanidade como uma de exílio, escravidão, nomadismo, por meio da expulsão de uma terra fértil e termina em outra. É a história de um povo que perde sua Deusa e passa toda a sua trajetória de exílio tentando encontrá-la de novo: a Terra Prometida, do leite e do mel.

Depois, essa vilanização do feminino também tem raízes políticas. A consolidação da cultura oral no texto escrito da Bíblia se dá a partir dos séculos 6 a 5 a.e.c. O povo hebreu era natural da terra de Judá, na Judeia, oriundo da Casa de Davi, uma das tribos canaanitas que foram conquistas por um império vizinho em ascensão: o babilônico. Ao invadir Judá, o Império Babilônico criou uma espécie de cosmopolitismo servil que submetia economicamente os hebreus e levava parte da população como escravizados para Babilônia. Essa prática ganha forma na narrativa sobre a Torre de Babel, que evidencia a dominação, a capacidade técnica e a enorme arrogância dos babilônios. E essa colonização vai ter consequências políticas e culturais.

Em determinado momento, no século 5 a.e.c., Ciro, o imperador da Pérsia, conquista a Grande Babilônia e liberta os hebreus. Depois de dezenas de anos em exílio, eles retornam para Judá, quando, então, criam a versão canônica do Antigo Testamento ou da Bíblia hebraica. Nesse meio do caminho, sua relação com o feminino se transforma.

Como a cultura da Babilônia louvava e honrava enormemente Inanna, ou Ishtar, o povo antes oprimido abdica da Grande Deusa, que se torna símbolo de seu cativeiro. Na tentativa de se separar dessa cultura dominadora e colonizadora, é possível que os hebreus tenham se voltado à divindade que eles consideravam mais antiga, Yahweh, que passou a incorporar atributos de sua consorte. Não há mais um casal cósmico, e sim um único criador de tudo, que possui em si um aspecto feminino.

É claro que esse processo não é simples. Há muitos elementos em jogo na consolidação do patriarcado, como vimos no capítulo 3. Nesse contexto, porém, a construção do patriarcado nas culturas semitas envolve um processo de absorção e diminuição do feminino que, ao mesmo tempo, é uma destruição, ao menos parcial. A Deusa deixa de ser adorada. Ashterá, ou Astarte, aparece no texto bíblico como uma divindade adorada por outros povos, associados ao mal, à decadência, ao pecado, à abominação. A Deusa perde seu lugar de prestígio e sua associação ao luminoso para se tornar trevas e corrupção. O feminino se torna sombrio.

Lilith, por exemplo, que na Suméria era a força da insubmissão, e depois aparecia nas culturas antigas hebraicas como a primeira mulher feita à imagem e semelhança de Deus, se torna um ser sobrenatural e demoníaco. Eva, por sua vez, não seria a imagem e semelhança de Deus, mas oriunda das costelas de Adão, ou seja, imagem e semelhança do homem, e não da fonte divina.

É notável, inclusive, que a serpente, associada a Lilith na Suméria e ao diabo que seduzirá Eva, é um dos símbolos mais antigos do matriarcado, da vida e da morte, da transformação, do veneno que pode ser remédio, da justa medida. Por poder trocar de pele sem se aniquilar, sem deixar de ser quem é, também era amplamente associada às estações do ano, de ciclo. A deusa primitiva da Babilônia, Tiamate, era uma Grande Mãe e Grande Serpente.

Contudo, essa expulsão do paraíso perdido não é apenas uma ação pragmática. A expulsão é acompanhada por uma maldição proferida por Deus. A serpente, animal terrível, será o mais odioso entre todos os animais, rastejará sobre a terra e comerá o pó todos os dias de sua vida. A mulher deseja o homem, que a dominará, e passará a parir com dor. Além disso, a amizade entre a mulher e a serpente será condenada:

a cobra morderá o calcanhar da mulher, que esmagará sua cabeça com uma pedra. Por fim, o homem trabalhará para comer – sua mãe ancestral, a terra, agora é sua inimiga e ele deverá tirar alimentos precários dela por meio da força. O homem dominará a terra como domina a mulher.

Símbolos como o fruto proibido ou os pomos encantados aparecem em diversas narrativas como um meio para a conquista de alguma qualidade, titularidade, status ou poder mágico. O pomo de ouro, lançando pela deusa da discórdia Éris no banquete de casamento de Peleu e Tétis, atribui a sua detentora o título de "mais bela" e as três deusas gregas Atena, Afrodite e Hera competirão por ele, colocando em curso as engrenagens do destino que culminará na realização da ruína de Troia. A romã que a jovem e primaveril Core come no submundo a vincula permanentemente ao deus Hades e seus domínios, tornando-a Perséfone, a Rainha dos Mortos, além de Senhora das Flores. Avalon, a ilha das maçãs, afunda cada dia mais para dentro das brumas, mas talvez um andarilho ou andarilha sensível, ao sentir o cheiro delas, encontre pelo reino das fadas um caminho. A maçã oferecida pela bruxa má no conto medieval da Branca de Neve mergulha a princesa exilada em um sono estranho como o de Orfeu, tornando-a morta em vida.

A serpente, por sua vez, também prefigura histórias importantes. Nós a conhecemos como animais perigosos e venenosos, responsáveis pela decadência da condição humana e símbolos da medicina. As serpentes foram expulsas da Irlanda – terra que, aparentemente, nunca teve serpentes

– por São Patrício. Os magos no deserto são conhecidos por encantá-las. As feiticeiras e mulheres sinistras são representadas com serpentes que enroscam seu corpo. A serpente, além de tudo isso, é um dos símbolos mais antigos associados à antiga Deusa, cultuada pelos povos agricultores que remontam ao Neolítico e aos primeiros assentamentos humanos.

A demonização da serpente significa, de muitas maneiras, a demonização do feminino na forma de corpo do planeta e dos corpos das mulheres. Eva, a mulher decaída e corruptora, é, por sua vida corrompida e seduzida pela serpente, que se torna, no imaginário medieval, a própria Lilith, primeira mulher e demônia. A Grande Deusa, desprovida de sua dignidade, é amaldiçoada e torna-se hostil, eventualmente submetida a uma humanidade que um dia foi amiga e integrada.

Eva e Lilith encarnam, em seus corpos e suas histórias, figurações do feminino muitíssimo influentes na cultura. Eva, ainda que não seja entendida como maligna em essência, é, pelo menos, moralmente fraca, uma vez que se deixou ser persuadida pela serpente (ou por Lilith) a comer do fruto da árvore do conhecimento do bem e do mal. Lilith começa a sua história como a primeira mulher e termina como um grande demônio associado à sedução, à lascívia e ao mal. Ambas são figurações do feminino, que estabelecem um vínculo importante do estatuto das mulheres e das antigas culturas, que valorizavam o poder da vida, do sexo e da igualdade entre gêneros.

Eva, segundo a leitura que proponho, é a primeira filósofa da história da humanidade. É ela quem deseja retirar-se de um lugar de ignorância, ainda que abençoada, para iniciar-se em uma jornada em direção ao conhecimento, ainda que isso implique um exílio, um caminho árduo, a expulsão do paraíso. Filosofia, do grego, significa amor ou amizade pelo conhecimento. Platão define o caminho de busca pelo conhecimento como uma "escalada erótica" e é exatamente isso que Eva faz: ela precipita a humanidade em uma busca por si mesma, entendida como um exílio, mas que nada mais é do que uma jornada movida pelo desejo de conhecermos o bem e o mal, ou seja, a nós mesmos.

Eva é a primeira iniciada e talvez Lilith seja a primeira mestra, mais velha e sábia que ela, e já livre ajudou-a no caminho iniciático. Talvez Lilith, assim como outras deusas antigas, fosse muitíssimo sábia e falasse muitas línguas, sendo fonte de transmissão de conhecimento de um mundo antigo quase perdido. Talvez ela, como a serpente, fosse capaz de trocar de pele sem se aniquilar, habitar vários corpos, símbolos e culturas, sem deixar exatamente de existir, sendo percebida como sábia, ancestral e poderosa, ou como demônio maligno, apenas esperando uma oportunidade de voltar a consciência das pessoas como símbolo de insubmissão e igualdade.

Escolher reinterpretar as histórias sobre Eva e Lilith pela perspectiva de que foram mulheres divinas e insubmissas, em detrimento da narrativa tradicional, que as vincula às ideias de debilidade moral e maldade, é um ato político. Daí vem o retorno de Lilith e da serpente como símbolos importantes para as pautas dos movimentos de emancipação das mulheres, pois são símbolos que nos foram sequestrados – e, ao fazer isso, estamos tomando-os de volta.

CONCLUSÃO

Quando estudamos mitologia, podemos perceber que a produção narrativa mitológica que recebemos pela história das civilizações também permanece herdeira do pensamento mágico – que, por sua vez, encontra suas origens no momento do nascimento da própria condição humana. Se, em alguns momentos, fomos *Homo sapiens*, nos tornamos fundamentalmente humanos quando começamos a contar histórias. Com frequência histórias encantadas, que nos ajudaram a dar sentido à experiência humana neste planeta.

Refletir acerca do pensamento mitológico, suas origens, suas primeiras narrativas orais e escritas – ainda que pareça ser um exercício voltado para o passado, para as origens da cultura humana, da civilização e das estruturas psíquicas e subjetivas – é, também, um processo de análise do nosso momento atual e de construção de futuros possíveis. Pensar, resgatar e reconstruir as narrativas mitológicas também é se instrumentalizar para a criação de novas mitologias e novos mundos.

O mitólogo norte-americano Joseph Campbell diz, em tom provocativo, que mitologia é "a religião dos outros".[1]

Ainda que esses sentidos possam ser abarcados, propus, nas páginas deste livro, pensarmos "mitologia" como narrativas incrivelmente sofisticadas, eivadas de simbolismos e mensagens acerca dos povos que as produziram: seus valores, seus afetos, seus paradigmas e suas idiossincrasias. Ou seja, como o corpo de histórias e palavras ditas e escritas que veicularam e, veiculam até hoje, o "conhecimento sagrado de todas as eras".[2]

Com base nessa perspectiva expandida, os mitos são narrativas perpassadas por muitas camadas de sentidos que comunicam aquilo que temos de mais fundamental: nossas histórias e nossas leituras acerca do mundo em que vivemos e da vida que levamos. Estamos todos herdando, digerindo, reproduzindo e criando mitologias, tanto na esfera da vida particular e privada quanto na comunal e pública.

Se as histórias são as nossas companheiras ancestrais, é preciso lembrar que as herdamos de maneira consciente e inconsciente, que as reproduzimos, contamos, recriamos e que através delas relatamos para os outros a percepção que temos sobre nós mesmos (as nossas autoficções e mitologias particulares), e também narramos para os nossos (pessoas queridas, afetos, comunidades, alunos, filhos etc.) a nossa experiência e percepção acerca dos outros e do mundo que nos cerca.

A prática ancestral de juntar a comunidade em torno de uma fogueira primitiva e contar histórias se repete de muitas formas na nossa vida cotidiana: quando contamos histórias para as nossas crianças, quando lemos um livro, quando fazemos análise e construímos narrativas acerca de nós mesmos, quando contamos um causo da nossa vida em um café para um amigo, em uma mesa de bar com os colegas do trabalho ou faculdade, em um jantar com nossos companheiros e companheiras, amantes e família. E até quando fazemos um *pitch* de um projeto na empresa em que trabalhamos, um stories no nosso perfil do Instagram, uma aula...

Toda narrativa acerca do mundo é uma história sobre a nossa percepção desse mesmo mundo, toda mitologia revela algo do seu criador. Grandes histórias são veículos de mensagem poderosas sobre as muitas dimensões da vida, como a importância dos vínculos afetivos, a importância da resiliência nos desafios da vida, a inevitabilidade da perda e da morte, a valorização das alegrias e por aí vai. As histórias exercem influência sobre a nossa realidade e, em muitos sentidos, instauram a nossa percepção sobre o real, ao mesmo tempo que essas histórias revelam informações preciosas sobre nós mesmos e nosso mundo interno.

As histórias nos oferecem parâmetros em relação ao que é o bem e o mal, a virtude e a justiça, a vida bem vivida e a vida desperdiçada. Divindades, figuras heroicas e monstruosidades encarnam valores fundamentais: quem queremos ser ou deveríamos querer ser, os valores heroicos que nos são legados, o que desprezamos ou deveríamos rejeitar – tudo isso é passado geração após geração e repensado (ou deveria ser) nesse mesmo passo.

Se somos seres contadores de histórias, somos seres produtores dessas mesmas histórias, e com a nossa capacidade criativa devemos ter a autonomia de criar e recriar, contar e recontar e, sobretudo, produzir histórias que façam sentido e deem conta de elaborar a nossa experiência do mundo hoje, como nós experimentamos. Devemos questionar e reunir instrumentos para produzir simbolicamente histórias que nutram nossa vida e o mundo que desejamos criar. Ao atravessarmos os mitos de figuras como Medeia, Hécate, Helena, Perséfone e Inanna, Eva, Lilith etc., pudemos observar um tecido complexo de narrativas que transcende épocas e culturas, na mesma medida que estão inseridos nelas. Ao desvendar essas histórias, buscou-se não apenas compreender as raízes da mitologia, mas também lançar luz sobre a condição humana, os valores intrínsecos e as relações fundamentais e, ao mesmo, tempo, resgatar certa perspectiva insubmissa das história das mulheres através de como algumas delas (de nós) foram representadas ao longo do tempo no imaginário mítico-poético.

O profundo questionamento sobre o que une essas marcantes figuras mitológicas destaca a notável diversidade de experiências femininas ao longo da história. Cada uma delas, em sua singularidade, faz valer sua voz, seus valores, e empreende uma luta inegável, mesmo em circunstâncias desfavoráveis. Medeia, com toda sua complexidade e intensidade emocional, nos impulsiona a refletir sobre temas cruciais, como maternidade e casamento. Hécate, a deusa das encruzilhadas e da magia, convida-nos a ousar habitar diversos mundos, explorar diferentes experiências da realidade.

Helena, muito mais do que a mulher mais bela do mundo, emerge como uma poderosa agente da vida política no mundo antigo, exercendo papel como rainha de Esparta e princesa de Troia, e tomando decisões significativas sobre seus maridos, amantes e consortes. Deméter e Perséfone, entrelaçadas ao ciclo de vida, morte e renascimento, transcendem sua condição de deusas da Grécia Antiga, personificando o mistério da vida e dos corpos. Sua simbologia foi não apenas parte fundamental da antiga religião grega, mas também protagonista de uma dissidência espiritual: os mistérios.

Inanna, a deusa que ora se apresenta como uma jovem, ora como uma poderosa Senhora dos Céus, navegante, deusa do amor e da cerveja, ou viajante pelo submundo sumério sem retorno, revela facetas distintas do feminino, refletindo a riqueza e diversidade das experiências femininas em um mundo tão distante do nosso. Por fim, Lilith e Eva, apesar de terem sido relegadas à condição de figuras maléficas e corrompidas, persistem como guardiãs de uma antiga sabedoria, desafiando as normas estabelecidas e mantendo viva uma narrativa única. Este intricado mosaico de deidades e heroínas ressalta a complexidade e a resistência das mulheres ao longo do tempo, oferecendo uma visão enriquecedora e multifacetada das experiências femininas.

Ao compartilhar essas fascinantes narrativas, busquei instigar tanto a leitora quanto o leitor deste livro a se lançarem em uma cativante jornada de autoexploração e reflexão sobre suas identidades, valores e relações pessoais. A obra visa não apenas despertar uma compreensão mais profunda das narrativas mitológicas, transcendendo a mera descrição do passado, mas também destacar seu papel como instrumentos poderosos na construção de significados no presente e na concepção de futuros promissores. Ao entrelaçar as histórias destas divindades e heroínas, o livro almeja proporcionar uma visão mais abrangente da condição feminina, ultrapassando estereótipos e estabelecendo uma base sólida para a edificação de uma nova mitologia contemporânea. Convido a leitora a ponderar sobre como essas antigas narrativas moldam a compreensão do feminino na sociedade atual, inspirando, assim, a criação de novos símbolos e significados que ressoem com as mulheres do século XXI.

Em última análise, o propósito é capacitar a leitora, equipando-a com as ferramentas necessárias não apenas para reimaginar e reconstruir sua narrativa pessoal, mas também para contribuir ativamente para o desenvolvimento de uma mitologia coletiva mais inclusiva e compassiva. Encerro esta breve conclusão com uma provocação, apelando para a inata busca humana pelo conhecimento e sabedoria. Espero ter conseguido ajudar você a se debruçar sobre as histórias da Grande Deusa e relembrá-la como um elo de harmonia e adoração da terra. Longe de desejar esgotar as questões propostas, o objetivo foi apresentá-las e abrir portas em direção à construção de um conhecimento acerca da Antiguidade e do feminino, que deve ser uma construção coletiva sobre um mundo pensado por todos nós.

Torço para que esse seja apenas o começo de um caminho que possui muitas veredas diferentes. Se o mundo patriarcal gerou uma cultura de guerra e competição, que a nossa produção de pensamento e construção de comum gere, sob as mais variadas formas, pensamento, ação e poesia. Também desejo que possamos expandir nosso entendimento do que é cultivo e que coloquemos no centro da nossa organização social, política e relacional a ideia de cultivo de afeto e amizade entre nós. Que cada provocação dessas possa levar o leitor às próprias reflexões e, acima de tudo, que a busca pelo conhecimento, que nunca é neutra, a-histórica e fria, possa ser direcionada pelo amor e pelo desejo de conhecer.

AGRADECIMENTOS

Agradeço à minha família, pelo amor e por todo o apoio – nunca falharam. Aos meus pais, Charle e Helena, e meus irmãos, Lucca e Hugo. Vocês são a minha fortaleza.

Agradeço à Editora Planeta, especialmente à Clarissa e Anissa, por seus conselhos valiosos e pela paciência sem fim.

Agradeço à Casa do Saber, pela parceria na produção e divulgação de conhecimento.

Agradeço às minhas alunas e aos meus alunos, pelas muitas trocas ao longo dos anos, pela confiança no meu trabalho e pela edificação de uma construção comunitária de pensamento em que minha pesquisa pôde se desenvolver e florescer. Dedico estas páginas a vocês.

Agradeço ao meu povo, que desde cedo incutiu em mim o amor aos livros e me ensinou a perseverar na existência.

Entrego este livro ao público, assim como o filósofo Heráclito entregou o seu: aos pés da Deusa. Que as reflexões iniciais presentes aqui sejam o começo de uma jornada cada vez mais fértil em direção a tudo o que ela representa e que está tão escasso no nosso mundo: amor, vínculo, criatividade e cuidado.

NOTAS

INTRODUÇÃO

1 FAUR, M. *O Legado da Deusa*: ritos de passagem para mulheres. São Paulo: Alfabeto, 2016. p. 15.

2 Sobre o assunto, ver: DETIENNE, M. *Mestres da verdade da Grécia arcaica*. Tradução de Ivone C. Benedett. São Paulo: WMF Martins Fontes, 2013.

3 Trecho retirado de uma palestra dada pela escritora no TED Talks, em 2009, intitulado "O perigo de uma história única". TED – O perigo de uma história única. 2014. Vídeo (18min46s). Publicado pelo canal Christiano Torreão. Disponível em: https://www.youtube.com/watch?v=qDovHZVdyVQ. Acesso em: 4 set. 2023. O conteúdo dessa palestra foi adaptado para texto escrito e publicado no Brasil pela Companhia das Letras em 2019 sob o mesmo título.

4 ADORNO, T. W.; HORKHEIMER, M. *Dialética do Esclarecimento*. Tradução de Guido Antonio de Almeida. Rio de Janeiro: Zahar, 1985. p. 16.

5 JUNG, C. G. *A natureza da psique*. Tradução de Mateus Ramalho Rocha. 7a ed. Petrópolis: Vozes, 2009.

6 Todas as citações bíblicas foram retiradas da Bíblia de Jerusalém on-line, disponível em: https://liturgiadashoras.online/biblia/biblia-jerusalem/.

7 DEVER, W. G. *Did God have a Wife? Archaeology and Folk Religion in Ancient Israel*. Dulles: Eerdmans, 2008.

8 "Ó tu, Deus único, junto ao qual não há outro." BREASTED, J.H. 2017, p. 374n. apud FREUD, S. *Moisés e o monoteísmo, compêndio de psicanálise e outros textos*. Tradução de Paulo César de Souza. São Paulo: Companhia das Letras, 2018.

9 CAMPBELL, J. *Deusas: os mistérios do divino feminino*. Tradução de Tônia Van Acker. Rio de Janeiro: Palas Athena, 2016. p. 30.

10 MEADOR, B. *Inanna, Lady of Largest Heart: Poems of the Sumerian High Priestess Enheduanna*. University of Texas Press, 2001.

11 KRAEMER, H.; SPRENGER, J. *O martelo das feiticeiras*. Tradução de Paulo Froés. Rio de Janeiro: Record, 2017.

12 BEAUVOIR, S. *O segundo sexo: fatos e mitos*. Rio de Janeiro: Difusão Europeia do Livro, 1967.

CAPÍTULO 1 – AS MULHERES NA TRADIÇÃO OCIDENTAL

1 FREUD, S. *Obras completas*. Estudos sobre a histeria (1893-1895). Em coautoria com Josef Breuer. Tradução de Paulo César de Souza e Laura Barreto. V. 2. São Paulo: Companhia das Letras, 2016.

2 Cassin fez essa afirmação a respeito do movimento sofista, mas serve também para os estudos que empreendemos aqui. Ver: CASSIN, B. *O efeito sofístico*: sofística, filosofia, retórica, literatura. Tradução dos documentos de Paulo Pinheiro. São Paulo: Editora 34, 2005.

3 EURÍPIDES. *Medeia*. Tradução de Maria Helena da Rocha Pereira. Lisboa: Fundação Calouste Gulbenkian, 2016. Linha 394-7

4 BUARQUE, C.; PONTES, P. Gota d'água. 55ª ed.- Rio de Janeiro; Civilização Brasileira, 2020. pp. 88-89.

5 HOMERO. *Odisseia*. Canto IX, 210.

6 EURÍPEDES. *Medeia*. Tradução de Maria Helena da Rocha Pereira. Lisboa: Fundação Calouste Gulbenkian, 2016. Linhas 394-7.

7 RODES, A. *Argonáuticas*. Tradução de Fernando Rodrigues Junior. São Paulo: Perspectiva, 2021.

8 MOSSÉ, C. *Dicionário da civilização grega*. Tradução de Carlos Ramalhete. Rio de Janeiro: Zahar, 2004.

9 BUARQUE, C. Mulheres de Atenas. Philips Records, 1976. Faixa 2.

10 PÉRICLES. *Oração Fúnebre*. In. TUCÍDIDES. *História da Guerra do Peloponeso*. Tradução de Mário da Gama Kury. Brasília: UnB, 1982. p. 97-102.

11 TUCÍDIDES. *História da Guerra do Peloponeso*. Tradução de Mário da Gama Kury. Brasília: UnB, 1982. pp. 97-102.

12 EVERITT, A. *A ascensão de Atenas:* a história da maior civilização do mundo. São Paulo: Crítica, 2019.

13 CARVALHO, T. R. *O "Hino a Hécate" de Hesíodo*. Codex: Revista de Estudos Clássicos, São Paulo, v. 8, n. 1, 2020. Disponível em: https://revistas.ufrj.br/index.php/CODEX/article/view/33077. Acesso em: 2 jan. 2024. O hino a Hécate de Hesíodo. Tradução de Thais Rocha Carvalho.

14 BUARQUE, C.; PONTES, P. Gota d'água. 55ª ed. Rio de Janeiro; Civilização Brasileira, 2020. pp. 100-101.

15 RODES, A. *Argonáuticas*. Tradução de Fernando Rodrigues Junior. São Paulo: Perspectiva, 2021.

16 HOMERO. *Odisseia*, Canto IX, 130-40.

17 EURÍPIDES. *Medeia*. Tradução de Maria Helena da Rocha Pereira. Lisboa: Fundação Calouste Gulbenkian, 2016. Linha 20-24.

18 Ibidem.

19 EURÍPIDES. *Medeia*. Tradução de Maria Helena da Rocha Pereira. Lisboa: Fundação Calouste Gulbenkian, 2016.

20 EURÍPIDES. *Medeia*. Tradução de Maria Helena da Rocha Pereira. Lisboa: Fundação Calouste Gulbenkian, 2016. Linha 1343-4.

21 EURÍPIDES. *Medeia*. Tradução de Maria Helena da Rocha Pereira. Lisboa: Fundação Calouste Gulbenkian, 2016. Linhas 285-6.

22 Ibidem.

23 RODES, A. *Argonáuticas*. Tradução de Fernando Rodrigues Junior. São Paulo: Perspectiva, 2021.

24 GÓRGIAS. Elogio de Helena. Rio de Janeiro: Revista Ethica, 2009, v. 16, n. 2, pp. 201-212.

25 KENNEDY, G. *A new History of Classical Rhetoric*. Princeton: Princeton University Press, 1994.

26 EURÍPEDES. *Ifigênia em áulis, as fenícias, as bacantes*. Tradução de Mário da Gama Kury. Rio de Janeiro: Editora Zahar, 1993. Linhas 76-90.

27 HOMERO. *Ilíada*, Canto VI, 357.

28 EURÍPIDES. *Orestes*, 1639-43/1683-90.

29 SAFO, Fragmento 16.

30 HESÍODO. *Catálogo das mulheres e poesia*, 68.

31 HOMERO. *Odisseia*, 4.162 [LCL 4.145]

32 EURÍPEDES. *Andrômaca*, 628.

33 LICOFRONTE. Alexandra 850-1. Tradução de. G.W. Mair.

34 Shakespeare, The rape of Lucrece1471-7.

35 BEAUVOIR, S. de. *O segundo sexo: fatos e mitos*. Rio de Janeiro: Difusão Europeia do Livro, 1967.

36 BOND, L. *Casos de feminicídio crescem 22% em 12 estados durante a pandemia*. Agência Brasil, 1º jun. 2020. Dispo-

nível em: https://agenciabrasil.ebc.com.br/direitos-humanos/noticia/2020-06/casos-de-feminicidio-crescem-22-em-12-estados-durante-pandemia#:~:text=Na%20primeira%20atualiza%C3%A7%C3%A3o%20de%20um,pa%C3%ADs%2C%20comparativamente%20ao%20ano%20passado. Acesso em: 5 jan. 2024.

37 GIMBUTAS, M. *The Living Goddesses*. Berkeley: University of California Press, 2001.

38 *Crise climática é a maior ameaça que a humanidade enfrenta*. EcoDebate, 20 dez. 2023. Disponível em: https://www.ecodebate.com.br/2023/12/20/crise-climatica-e-a-maior-ameaca-que-a-humanidade-enfrenta/. Acesso em: 5 jan. 2024.

39 WOOLF, V. *As mulheres devem chorar... ou se unir contra a guerra:* Patriarcado e militarismo. Tradução de Tomaz Tadeu e Guacira Lopes Louro. São Paulo: Autêntica, 2019.

40 LASCO, G. *Did Margaret Mead Think a Healed Femur Was the Earliest Sign of Civilization?* Sapiens, 2022. Disponível em: https://www.sapiens.org/culture/margaret-mead-femur/. Acesso em 23 abr. 2024.

41 HARARI, Y. N. *Sapiens: uma breve história da humanidade*. Porto Alegre: L&PM, 2015.

CAPÍTULO 2 – A CIVILIZAÇÃO DA DEUSA

1 ENGELS, F. *A origem da família, da propriedade privada e do Estado*. Tradução de Leandro Konder. Rio de Janeiro: BestBolso, 2014.

2 MCDERMOTT, L. *Self-Representation in Upper Paleolithic Female Figure*. Chicago: The University of Chicago Press, 1996.

3 CAMPBELL, J. *Deusas: os mistérios do divino feminino*. Traducao de Tonia Van Acker. Rio de Janeiro: Palas Athena, 2016.

4 CERDAS, E. Platão. *Menêxeno. Introdução, tradução e notas*. Archai 30, e03019, 2020.

5 BRADLEY, M. Z. *As brumas de Avalon:* Ciclo de Avalon. Tradução de Marina Della Valle. São Paulo: Planeta, 2017. pp. 8-9.

CAPÍTULO 3 – A CRIAÇÃO DO PATRIARCADO

1 Barbara Cassin cunhou esse termo para se referir ao trabalho que deve ser feito no estudo de sofística, uma vez que conhecemos o pensamento dos sofistas quase sempre através das lentes dos seus inimigos históricos: os filósofos. Ver: CASSIN, B. *O efeito sofístico*: sofística, filosofia, retórica, literatura. Tradução dos documentos de Paulo Pinheiro. São Paulo: Editora 34, 2005.

CAPÍTULO 4 – TUDO ESTÁ CHEIO DE DEUSES

1 HERÁCLITO. *Fragmentos contextualizados.* Tradução, estudo e comentários de Alexandre Costa. São Paulo: Odysseus, 2021.

CAPÍTULO 5 – A DEUSA DOS CÉUS E DA TERRA

1 HOMERO. *Hinos homéricos.* Tradução de Edvanda Bonavina da Rosa. São Paulo: Editora Unesp, 2010.

2 RIBEIRO JR., W. A. (org.). *Hinos homéricos.* São Paulo: Editora Unesp, 2010.

CAPÍTULO 7 – DEUSAS HUMANAS E MULHERES DIVINAS: EVA E LILITH COMO DECADÊNCIA E REDENÇÃO DO FEMININO SOMBRIO

1 PATAI, R. *The Hebrew Godeess.* Detroit: Wayne State University Press, 1990.

2 HORN, T. *The Researchers Library of Ancient Texts: volume 1.* Crane: Defender Publishing, 2012.

CONCLUSÃO

1 CAMPBELL, J. *O poder do mito*. Tradução de Betty S. Flowers. São Paulo: Cultrix/Pensamento, 1997.

2 Referência ao título de uma coletânea de livros do mitólogo Mircea Eliade.

REFERÊNCIAS

BERNABÉ, A. *Platão e o orfismo*: diálogos entre religião e filosofia. Tradução de Dennys Garcia Xavier. São Paulo: Annablume, 2011.

BLAIR, J. M. *De-Demonising the Old Testament*: An Investigation of Azazel, Lilith, Deber, Qeteb and Reshef in the Hebrew Bible. Tübingen: Mohr Siebeck, 2009.

BORGEAUD, P. *Mother of the Gods*: From Cybele to the Virgin Mary. Baltimore: John Hopkins University Press, 2004.

BRANDÃO, J. de S. B. *Mitologia grega*. Petrópolis: Vozes, 2009. Obra em 3 volumes.

BURKERT, W. *Greek Religion*. Cambridge: Harvard University Press, 1987.

_____. *Antigos cultos de mistério*. São Paulo: Edusp, 1991.

_____. *Greek Religion*: The Rhythm of the Festivals. Cambridge: Harvard University Press, 2002.

CAMPBELL, J. *O poder do mito*. Tradução de Betty S. Flowers. São Paulo: Cultrix/Pensamento, 1997.

_____. *Deusas*: os mistérios do divino feminino. São Paulo: Palas Athena, 2015.

CASSIN, B. *Ensaios sofísticos*. São Paulo: Siciliano, 1990.

_____. *O efeito sofístico*: sofística, filosofia, retórica, literatura. Tradução dos documentos de Paulo Pinheiro. São Paulo: Editora 34, 2005.

CLAUSS, M. *The Roman Cult of Mithras*: The God and his Mysteries. Oxfordshire: Routledge, 2001.

COOGAN, M. D.; SMITH, M. S. *Stories from Ancient Canaan*. Louisville: Westminster John Knox Press, 2012.

CUMONT, F. *Os mistérios de Mitra*. São Paulo: Madras, 2014.

DETIENNE, M. *Os mestres da verdade na Grécia arcaica*. Rio de Janeiro: Jorge Zahar, 1988.

DEVER, W. G. *Did God have a Wife?* Archaeology and Folk Religion in Ancient Israel. Dulles: Eerdmans, 2008.

DODDS, E. R. *The Greeks and the Irrational*. Berkeley: University of California Press, 1997.

_____. *Os gregos e o irracional*. São Paulo: Escuta, 2002.

ELIADE, M. *História das crenças e das ideias religiosas*. Rio de Janeiro: Jorge Zahar, 1978.

_____. *Mito e realidade*. Tradução de Pola Civelli. São Paulo: Perspectiva 2007.

_____. *História das crenças e ideias religiosas*. Tradução de Roberto C. de Lacerda. Rio de Janeiro: Jorge Zahar, 2011. Obra em 3 volumes.

ENGELS, F. *A origem da família, da propriedade privada e do Estado*. Tradução de Leandro Kondre. Rio de Janeiro: BestBolso, 2014.

EVERITT, A. *A ascensão de Atenas*: a história da maior civilização do mundo. São Paulo: Crítica, 2019.

FREUD, S. *Moisés e o monoteísmo, compêndio de psicanálise e outros textos*. Tradução de Paulo César de Souza. São Paulo: Companhia das Letras, 2018.

GÓRGIAS. *Elogio de Helena*. Apresentação e tradução de Aldo Dinucci. *In: Revista Ethica*, v. 16, n. 2, pp. 201-212, 2009.

GRAVES, R. *Os mitos gregos*: volumes 1 e 2. Tradução de Fernando Lablin. 3a. ed. Rio de Janeiro: Nova Fronteira, 2018.

GREENBLATT, S. *Ascensão e queda de Adão e Eva*. São Paulo: Companhia das Letras, 2018.

HESÍODO. *The Shield Catalogue of Women*. Cambridge: Harvard University Press, 2007.

HESÍODO. *Teogonia*: a origem dos deuses. Tradução e ensaio introdutório de Jaa Torrano. São Paulo: Iluminuras, 2011.

_____. *Os trabalhos e os dias*. 22a. ed. Curitiba: Segesta, 2012.

HOMERO. *Ilíada*. Lisboa: Livros Cotovia/Frederico Lourenço, 2003a.

_____. *Odisseia*. Lisboa: Livros Cotovia/Frederico Lourenço, 2003b.

_____. *Ilíada*. São Paulo: Ubu, 2018a.

_____. *Odisseia*. São Paulo: Ubu, 2018b.

_____. Hino a Demeter in: CARVALHO, T. R. *Perséfone e Hécate*: a representação das deusas na poesia grega arcaica. 133 fls. Dissertação (Mestrado) – Programa de Pós-Graduação em Letras Clássicas, Faculdade de Filosofia, Letras e Ciências Humanas da Universidade de São Paulo (FFLCH-USP), 2019. Disponível em: http://www.teses.usp.br/teses/disponiveis/8/8143/tde-16082019-133218/pt-br.php. Acesso em: 29 dez. 2023.

HUGHES, B. *Helena de Troia*: deusa, princesa e prostituta. Rio de Janeiro: Record, 2009.

KAST, V. *Sísifo*: vida, morte e renascimento através do arquétipo da repetição infinita. São Paulo: Cultrix, 2017.

KENNEDY, George. *A new History of Classical Rhetoric*. Princeton: Princeton University Press, 1994.

_____. *"Isocrates' Encomium of Helen:* A Panhellenic Document", American Philological Association, Vol. 89, 1958.

KERENYI, K. *Eleusis*: Archetypal Image of Mother and Daughter. Princeton: Princeton University Press, 1991.

KOLTUV, B. B. *O livro de Lilith*: o resgate do lado sombrio do feminino universal. São Paulo: Cultrix, 2017.

MILLER, M. *Circe* – Feiticeira. Bruxa. Entre o castigo dos deuses e o amor dos homens. Coleção Planeta Minotauro. São Paulo: Planeta, 2019.

_____. *A canção de Aquiles*. Coleção Planeta Minotauro. São Paulo: Planeta, 2019.

MORENO, C. *Troia*: o romance de uma guerra. Porto Alegre: L&PM, 2004.

MÜLLER, L. *O herói*: a verdadeira jornada do herói e o caminho da individuação. São Paulo: Cultrix, 2017.

NEUMANN, E. *Eros e Psiquê*: amor, alma e individuação no desenvolvimento do feminino. São Paulo: Cultrix, 2017.

NOGUEIRA, R. *Mulheres e deusas*: como as divindades e os mitos femininos formaram a mulher atual. Rio de Janeiro: Harper Collins, 2017.

OTTO, W. F. *Dionysus*: Myth and Cult. 22. ed. Bloomington: Indiana University Press, 1995.

_____. *Os deuses da Grécia*: a imagem do divino na visão do espírito grego. Tradução de Ordep Trindade Serra. São Paulo: Odysseus, 2005.

PATAI, R. *The Hebrew Goddess*. Detroit: Wayne State University Press, 1990.

PICKNETT, L.; PRINCE, C. *When God had a Wife*: The Fall and Rise of the Sacred Feminine in the Judeo-Christian Tradition. Vermont: Bear & Company, 2019.

POMEROY, S. B. *Goddesses, Whores, Wives, and Slaves*. 2ª. ed. Nova York: Schocken Books Inc., 1995.

RASCHE, J. *Prometeu*: revolta, amadurecimento e transformação do princípio masculino do self. São Paulo: Cultrix, 2017.

RIBEIRO JR., W. A. (org.). *Hinos homéricos*. São Paulo: Editora Unesp, 2010.

RINNE, O. *Medeia*: a redenção do feminino sombrio como símbolo de dignidade e sabedoria. São Paulo: Cultrix, 2017.

ROBLES, M. *Mulheres, mitos e deusas*: o feminino através dos tempos. Tradução de William Lagos e Débora Dutra Vieira. São Paulo: Aleph, 2006.

ROLLER, L. E. *In Search of God the Mother*: The Cult of Anatolian Cybele. Berkeley: University of California Press, 1999.

SAFO. *Fragmentos completos de Safo*. São Paulo: Editora 34, 2017.

SCHAPIRA, L. L. *O complexo de Cassandra*: histeria, descrédito e o resgate da intuição feminina no mundo moderno. São Paulo: Cultrix, 2018.

SOUZA, E. de. *Catábases*: estudos sobre viagens aos infernos na Antiguidade. Edição de Marcus Mota e Gabriele Cornelli. Apresentação e notas de Marcus Mota. São Paulo: Annablume Clássica, 2013.

VERNANT, J.-P. *Mito e sociedade na Grécia antiga*. Rio de Janeiro: José Olympio, 1999.

_____. *Mito e religião na Grécia antiga*. Tradução de Joana Angélica D'Avila Melo. São Paulo: Martins Fontes, 2009.

_____. *Entre mito e política*. 2ª. ed. São Paulo: Edusp, 2023.

VERNANT, J.-P; VIDAL-NAQUETE, P. *Mito e tragédia na Grécia antiga*. São Paulo: Perspectiva, 2011.

WRIGHT, D. *The Eleusinian Mysteries and* Rites. Whitefish: Kessinger Publishing, 2003.

**Acreditamos
nos livros**

Este livro foi composto em Adobe Garamond e Lulo e impresso pela Gráfica Santa Marta para a Editora Planeta do Brasil em maio de 2024.